高等学校房地产开发与管理本科
指导性专业规范

（2016 年版）

高等学校房地产开发与管理和物业管理学科专业指导委员会　编制

中国建筑工业出版社

图书在版编目(CIP)数据

高等学校房地产开发与管理本科指导性专业规范(2016年版)/高等学校房地产开发与管理和物业管理学科专业指导委员会编制．北京：中国建筑工业出版社，2016.9
ISBN 978-7-112-19744-6

Ⅰ.①高… Ⅱ.①高… Ⅲ.①房地产开发-高等学校-教材 ②房地产管理-高等学校-教材 Ⅳ.①F293.34②F293.33

中国版本图书馆CIP数据核字(2016)第210864号

责任编辑：刘晓翠 高延伟 王 跃 张 晶
责任校对：王宇枢 李欣慰

高等学校房地产开发与管理本科指导性专业规范
(2016年版)
高等学校房地产开发与管理和物业管理学科专业指导委员会 编制

*

中国建筑工业出版社出版、发行(北京西郊百万庄)
各地新华书店、建筑书店经销
北京红光制版公司制版
廊坊市海涛印刷有限公司印刷

*

开本：787×1092毫米 1/16 印张：3¾ 字数：81千字
2016年10月第一版 2016年10月第一次印刷
定价：20.00元
ISBN 978-7-112-19744-6
(29313)

版权所有 翻印必究
如有印装质量问题，可寄本社退换
(邮政编码 100037)

关于同意颁布《高等学校房地产开发与管理本科指导性专业规范》的通知

高等学校房地产开发与管理和物业管理学科专业指导委员会：

根据教育部、住房城乡建设部的有关要求，由你委组织编制的《高等学校房地产开发与管理本科指导性专业规范》，已经通过住房城乡建设部人事司、高等学校土建学科教学指导委员会的审定，现同意颁布。请指导有关高等学校认真实施。

中华人民共和国住房和城乡建设部人事司
高等学校土建学科教学指导委员会
2016 年 7 月 15 日

前　言

自 20 世纪 90 年代起，随着我国房地产事业的发展，众多高等学校相继开设了类似房地产经营管理等本科专业。1998 年，教育部颁布了《普通高等学校本科专业目录》，将房地产经营管理等相关专业并入工程管理专业。此后，部分高校陆续开设了房地产经营与管理目录外本科专业。2012 年，教育部颁布新修订的《普通高等学校本科专业目录（2012年）》，将房地产开发与管理专业列入本科专业目录。截至 2014 年底，全国设有房地产开发与管理专业的本科院校共 57 所，在校生人数约 9200 人。

由于不同高等学校设置的房地产开发与管理专业的学科基础、培养目标、教学内容、课程体系、基本教学条件等差异较大，为了指导全国高等学校房地产开发与管理专业的建设和发展，规范专业办学行为，提升专业教学质量，根据教育部、住房城乡建设部要求，高等学校房地产开发与管理和物业管理学科专业指导委员会（以下简称"专业指导委员会"）负责组织编制了《高等学校房地产开发与管理本科指导性专业规范》（以下简称《专业规范》）。

《专业规范》的编制原则是：标准化与多样化相统一；规范性与特色性相协调；拓宽专业口径；规范内容最小化；教学内容和教学条件为基本要求。《专业规范》提出了国家对房地产开发与管理本科专业教学的基本要求，规定了房地产开发与管理专业本科学生应学习的基本理论知识及应掌握的基本技能和方法。同时，强调了技术、经济、管理、法律等多领域知识的交叉融合；在对本科教学内容的要求上，《专业规范》为各校留出了创新与发展空间；在对专业能力培养的要求上，《专业规范》强调把实践性教学放在更重要的位置上。

《专业规范》的主要内容包括 7 部分：房地产开发与管理专业的学科基础、培养目标、培养规格、教学内容、课程体系和基本教学条件、主要参考指标，并配发 3 个附件。附件 1 规定了房地产开发与管理专业知识体系、知识领域、知识单元和知识点；附件 2 规定了房地产开发与管理专业实践教学领域、实践单元和知识技能点；附件 3 规定了推荐的房地产开发与管理专业知识单元和课程。各高校可根据自身的定位和办学特色，对《专业规范》中的知识点要求进行细化规定，但不得低于《专业规范》的相关要求。

参加编制《专业规范》的主要人员有：刘亚臣（沈阳建筑大学）、刘洪玉（清华大学）、武永祥（哈尔滨工业大学）、李启明（东南大学）、刘宁（沈阳建筑大学）姚玲珍（上海财经大学）、王立国（东北财经大学）、杨赞（清华大学）、吕萍（中国人民大学）、包红霏（沈阳建筑大学）、兰峰（西安建筑科技大学）、韩朝（北京林业大学）等。

在《专业规范》编制过程中，得到了住房城乡建设部人事司、中国建筑工业出版社、专业指导委员会全体委员、沈阳建筑大学等有关单位的指导、支持和帮助，在此表示衷心感谢！

各校在应用《专业规范》的过程中，请提出宝贵意见。

高等学校房地产开发与管理和物业管理学科专业指导委员会
主任委员　刘洪玉
2016年6月

目　录

一、学科基础 ·· 1
二、培养目标 ·· 1
三、培养规格 ·· 1
　（一）学制学位 ·· 1
　（二）知识结构 ·· 1
　（三）能力结构 ·· 2
　（四）综合素质 ·· 2
四、教学内容 ·· 3
　（一）知识体系 ·· 3
　（二）实践体系 ·· 4
　（三）大学生创新训练 ·· 5
五、课程体系 ·· 5
六、基本教学条件 ·· 6
　（一）师资 ·· 6
　（二）教材 ·· 6
　（三）教学资料 ·· 6
　（四）实验室 ·· 6
　（五）实习基地 ·· 7
　（六）教学经费 ·· 7
七、主要参考指标 ·· 7
八、附件 ·· 7
　附件1　房地产开发与管理专业的知识体系、知识领域、知识单元和知识点 ·········· 8
　附件2　房地产开发与管理专业实践教学领域、实践单元和知识技能点 ············· 35
　附件3　推荐的房地产开发与管理专业知识单元和课程 ·································· 39
　附录　高等学校房地产开发与管理和物业管理学科专业指导委员会规划推荐教材 ······ 52

为适应国家经济社会发展的需要，指导全国高等学校房地产开发与管理专业的建设和发展，规范房地产开发与管理专业办学行为，提升专业教学质量，特制定《高等学校房地产开发与管理本科指导性专业规范》（以下简称《专业规范》）。

一、学科基础

本《专业规范》所称房地产开发与管理专业，是指教育部 2012 年颁布的《普通高等学校本科专业目录（2012 年）》中的房地产开发与管理专业（专业代码：120104）。

房地产开发与管理专业的主干学科为管理科学与工程，重要的支撑学科有工商管理、土木工程、城乡规划学、建筑学、风景园林、经济学以及其他管理学、工学、法学门类下的相关学科。

房地产开发与管理专业以系统化和数量化的方法进行管理，解决房地产领域的专业问题，以提高决策水平和管理效率，具有管理学、经济学和工学交叉的特点，重视专业的理论与方法，强调应用性与实践性。

二、培养目标

培养适应社会主义现代化建设需要，德、智、体、美全面发展，掌握房地产领域的技术知识，掌握与房地产开发与管理相关的技术、管理、经济和法律等基础知识，具有较高的科学文化素养和专业综合素质，具有良好的职业道德、创新精神和国际视野，面向房地产行业和房地产企业的高级管理人才。

毕业生能够在房地产开发、资产运营、金融服务、房地产估价、房地产经纪、房地产顾问咨询等领域的企事业单位及政府部门从事技术、管理、咨询、教学和研究等工作。

三、培养规格

满足社会对本专业本科人才知识结构、能力结构、综合素质的相关要求。

（一）学制学位

基本学制为四年；也可在四年制的基础上，实行弹性学制，但修业年限控制在 3～6 年。

完成培养方案规定的教学环节和学分要求，考核合格，准予毕业。

符合规定条件的，授予管理学学士学位。

（二）知识结构

1. 人文社会科学基础知识：熟悉哲学、政治学、社会学、心理学、历史学等社会科学基本知识，掌握管理学、经济学、法学等方面的基本知识，了解文学、艺术等方面的基本知识。

2. 自然科学基础知识：掌握高等数学、工程数学、信息科学的基本知识，了解可持续发展的相关知识，了解当代科学技术发展现状及趋势。

3. 工具性知识：掌握一门外国语，熟悉计算机及信息技术的基本原理和相关知识，熟悉管理信息系统等信息技术知识。

4. 专业知识：掌握工程图学、工程力学、工程结构、房屋建筑学、城市规划原理、风景园林设计、工程项目管理、城市土地利用与管理、建设工程估价与成本控制等建设技术知识；掌握工程经济学、城市与房地产经济学、房地产估价、房地产金融等市场经济理论；掌握房地产开发与管理概论、房地产项目策划、房地产投资分析、房地产市场营销、物业与资产管理等经营管理知识；掌握房地产合同管理、房地产法律制度等法律知识。

5. 相关领域专业知识：了解金融保险、工商管理、公共管理以及建筑、环境、交通、园林等相关专业的基础知识。

（三）能力结构

1. 具备房地产开发项目投资分析与开发管理的职业能力：能够对房地产宏观政策进行分析决策；能够编制与审核项目建议书、项目可行性研究报告、资金申请报告等决策文件；能够进行工程项目策划及投融资分析，具备在房地产领域进行设计管理、投资控制、进度控制、质量控制、合同管理、信息管理和组织协调的基本能力；掌握房地产开发相关定性、定量分析方法。

2. 具备房地产开发项目投资估算与工程营造的职业能力：具备审查房地产项目投资估算与基本工程造价管理的能力；能够进行工程设计方案的技术经济分析，具有编制资金使用计划及工程成本规划的能力；具备房地产开发项目全过程管理的能力。

3. 具备房地产开发项目市场营销与市场服务的职业能力：熟悉有关房地产开发的方针、政策和法规；能够开展房地产项目市场调查并编写调查报告；能够编制与审核房地产开发项目市场营销方案；了解房地产金融市场产品设计方法；掌握房地产估价基础理论知识，初步具备实际操作能力；具备从事房地产商业运营、顾问咨询和物业管理的职业能力。

4. 具有较强的语言文字表达、人际沟通、组织协调及领导能力：具有专业外语的基本能力；能够检索和分析中外文专业文献，具有对专业外语文献进行读、写、译的基本能力；具备运用计算机及信息技术辅助解决房地产开发与管理相关问题的基本能力；在相关专业理论与实践方面初步具备创新意识和能力。

（四）综合素质

思想道德素质：拥有良好的思想政治素质和正确的人生观、价值观；行为举止符合社会道德规范；具有高度的社会责任感、良好的职业道德、团队合作精神和社会适应能力。

文化素质：具有宽厚的文化知识积累，初步了解中外历史，尊重不同的文化与风俗，有一定的文化与艺术鉴赏能力；具有积极进取、开拓创新的现代意识和精神；具备独立自主地获取和更新专业相关知识的学习素质；具有较强的中、外文书面和口头表达能力，具有较强的交往意识和能力。

专业素质：掌握本学科具有的一般方法论，获得科学思维方法的基本训练；养成严谨求实、理论联系实际、不断追求真理的良好科学素养；具有房地产项目的全过程管理意识和综合分析素养，具有处理房地产开发与管理工作中关键问题的专业素质和能力。

身心素质：身体健康，达到相应的国家体育锻炼标准合格水平；能理性客观地分析事物，具有正确评价自己与周围环境的能力；具有较强的情绪控制能力，能乐观面对挑战和挫折，具有良好的心理承受能力和自我调适能力。

四、教学内容

教学内容分为知识体系、实践体系和大学生创新训练三部分，通过有序的课堂教学、实践教学和课外活动，实现知识融合、能力提升和价值观养成。

（一）知识体系

知识体系由人文社会科学基础知识、自然科学基础知识、工具性知识和专业知识四个部分构成。知识体系如图1所示。每一个知识领域的知识单元、知识点及推荐课程和推荐学时见附件1中的表1-1和表1-2。

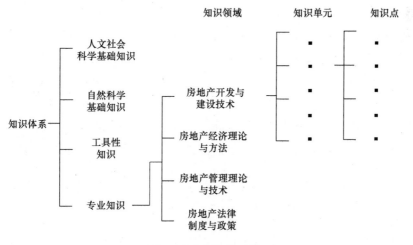

图1　专业知识体系图

知识体系包括知识领域、知识单元和知识点三级内容。知识单元是提供专业知识体系的基本要素，是房地产开发与管理专业知识体系中专业知识领域的最小集合，是专业教学中必要的最基本教学内容；各高等学校在满足《专业规范》要求的基础上，可根据自身办学定位、办学条件及支撑学科特点自主设置其他教学内容，为方便各学校选修，附件3特推荐了部分知识单元，供各校参考选用。房地产开发与管理专业的知识体系如图1所示。

1. 专业知识领域构成

房地产开发与管理专业知识体系中专业知识领域由以下四大部分构成：

(1) 房地产开发与建设技术；

(2) 房地产经济理论与方法；

(3) 房地产管理理论与技术；

(4) 房地产法律制度与政策。

2. 专业领域的知识单元

本《专业规范》规定了219个知识单元和845个知识点，是房地产开发与管理专业学生必须掌握的知识。

表1-1中列出了人文社会科学基础知识、自然科学基础知识、工具性知识的知识领域、知识单元及推荐课程和学时。

表1-2中列出了专业知识领域、知识单元及推荐课程和学时。

表1-2-1至表1-2-4分别列出了各专业知识领域的知识单元、知识点及推荐学时。

另外，还推荐了部分专业知识单元和课程，见附件3，供各高等学校根据自身情况，参考选用。

(二) 实践体系

房地产开发与管理专业实践体系包括各类实验、实习、设计、社会实践以及科研训练等方面。实践体系分实践领域、实践单元、知识与技能点三个层次。通过实践教学，培养学生分析、研究、解决实际问题的综合实践能力和科学研究的初步能力。

1. 实验领域

房地产开发与管理专业实验领域包括专业基础实验、专业实验及研究性实验三个环节。

(1) 专业基础实验。包括建设工程估价与成本控制实验、工程力学演示实验、工程结构演示实验、工程项目管理类软件应用实验等。

(2) 专业实验。包括工程咨询类软件模拟实验、房地产类软件模拟实验等。

(3) 研究性实验。可作为拓展能力的实验教学环节，各高等学校可结合自身实际情况，针对核心专业知识领域开设，以设计性、综合性实验为主，不作统一要求。

2. 实习领域

房地产开发与管理专业实习领域包括认识实习、课程实习、生产实习和毕业实习四个环节。

(1) 认识实习。按房地产开发与管理概论的相关要求安排认识实习，应选择符合专业培养目标要求的实习内容，并选择不少于3个相关企业作为认识实习基地。

(2) 课程实习。包括房地产项目策划、房地产市场营销、物业与资产管理、房地产估价等专业基础课和专业课的实习训练，以及其他与专业有关的课程实习。

(3) 生产实习和毕业实习。各高等学校应根据自身办学特色和优势安排房地产开发、投资分析、物业管理、房地产估价等专业实习，注重培养学生的综合专业能力。

3. 设计领域

专业设计领域包括课程设计和毕业设计（论文）。

(1) 课程设计要求结合课程知识单元和工程实践问题合理确定设计内容。

(2) 毕业设计（论文）的实践单元按专业方向安排相关内容。

以上实践教学环节的实践领域、实践单元、知识技能点见附件2。

其他社会实践及科研训练等实践教学环节由各高等学校结合自身实际情况设置，《专业规范》不作统一要求。

（三）大学生创新训练

专业人才的培养应体现知识、能力、素质协调发展的原则，特别强调大学生创新思维、创新方法和创新能力的培养。大学生创新训练与初步科研能力的培养应在整个本科教学和管理相关工作中贯彻和实施，要注重以知识体系为载体，在课堂知识教学中进行创新训练；应以实践体系为载体，在实验、实习和设计中进行创新训练；选择合适的知识单元和实践环节，提出创新思维、创新方法、创新能力的训练目标，构建和实施创新训练单元。提倡和鼓励学生参加创新活动，如挑战杯、房地产营销大赛、大学生创新创业训练计划等大学生创新实践训练。

有条件的高等学校可开设创新训练的专门课程，如创新思维和创新方法、大学生创新性实验等，这些创新训练课程也可纳入专业培养方案。

五、课程体系

各高校设置的课程体系应达到本《专业规范》规定的知识要求和实践要求，并完成全部教学任务和教学要求；鼓励各高校根据自身优势和特色构建课程体系。课程可按知识领域进行设置，也可从各知识领域中抽取相关的知识单元组成课程，但其核心课程内容应覆盖本《专业规范》要求知识体系中的全部知识单元。为便于各校构建自己的课程体系，同时推荐了部分课程和知识单元，供各高校根据自身情况选用。

本《专业规范》推荐的课程学时分布如下：

(1) 工具性知识、人文社会科学基础知识、自然科学基础知识领域推荐课程24门，建议学时1180学时。

(2) 专业知识领域推荐课程22门，建议学时862学时。

(3) 实践体系安排实践环节36个，其中实验环节推荐72学时，实习推荐16周，设计推荐24周。

课内教学和实践教学学时数（周数）见下分布表。

课内教学和实践教学学时数（周数）分布表

项目	工具、人文社会、自然科学知识	专业知识	自主设置知识	
			推荐选修	剩余选修
专业知识体系	1180	862	416	42
（按2500学时计）	47.20%	34.48%	16.64%	1.68%
实践教学	72学时+40周			

六、基本教学条件

（一）师资

1. 有一支结构合理、相对稳定、水平较高的教师队伍。教师必须具备高校教师资格。有房地产、经济、管理、工程技术、法律等学科背景构成的专任教师队伍；教学团队能独立承担50%以上的专业课程的教学任务。

2. 设有专业基层教学组织或者教学团队，有副教授以上职称的专业带头人及其后备师资队伍，主讲专业课程的教师不少于12人，其中至少有教授1名、副教授3名；能够开展教学研究与科研活动；所在高校应有相关学科的基本支撑条件。

3. 具有研究生学位教师占专任教师的比例不小于60%，具有高级职称的教师占专任教师的比例不小于30%，教师队伍的年龄结构、学位结构、职称结构、学缘结构较为合理并具有良好的发展趋势；具有一定比例的有房地产开发与管理实践经历的专职、兼职教师。

4. 专业课程的主讲教师必须具有讲师及其以上职称。55岁以下的具有高级职称的教师每年应承担本科生教学任务；每名教师每学年主讲的专业核心课程原则上不超过2门；毕业设计（论文）阶段1名教师指导的学生数量应不超过8名。

（二）教材

应选用符合《专业规范》内容要求的教材，鼓励选用专业指导委员会规划推荐的教材和国外优秀教材。教材内容应满足专业培养方案和教学基本要求并能体现高校的办学特色。

（三）教学资料

专业所在高校图书馆中应有和房地产开发与管理专业学生数量相适应的专业图书、期刊、资料，应具有数字化图书、期刊资源和相应的检索工具。

（四）实验室

实验室软硬件设施应满足教学要求，设施、仪器、设备、计算机、相关专业软件的数量应能够满足房地产开发与管理专业实验教学的需要和学生日常学习的需要。计算机室应对学生开放，用于教学的计算机台数不少于0.5台/人。

（五）实习基地

应根据实践环节具体要求，并与专业设置和学生实习人数相适应，建设相对稳定的实习基地3个以上，实习条件应满足相关实践环节教学要求。

（六）教学经费

学费收入用于四项教学经费（本科业务费、教学差旅费、教学仪器维修费、体育维持费）的比例需大于25%，并逐年有所增长。其中本科业务费和教学仪器维修费需占四项教学经费的80%。

新设置的房地产开发与管理本科专业，开办经费一般不低于生均1.0万元（不包括学生宿舍、教室、办公场所等），至少应确保本专业的办学硬件环境条件达到前述最低要求。

七、主要参考指标

鉴于各高校的办学条件和办学基础不同，教学管理模式和方法也不相同，特制定本专业规范主要参考指标，供各高校根据自身实际情况选用：

1. 本科学制：基本学制四年，实行学分制的学校可以适当调整为3～6年；
2. 四年制专业，总学分数控制在170～190之间，总学时控制在2500学时左右；
3. 实践教学学分占总学分的比例不小于20%；
4. 学时与学分的折算办法：未实行学分制的高校，学时与学分的折算由各高校根据实际情况自行决定。《专业规范》建议理论课程按16学时折算1学分，实践体系中的生产实习、毕业实习、课程设计、毕业设计（论文）等实践环节按1周折算为1学分的方法计算。在特殊情况下，某些课程的学时学分折算办法各高校可自行调整。

八、附件

附件1

房地产开发与管理专业的知识体系、知识领域、知识单元和知识点

人文社科、自然科学基础知识及工具性知识领域、推荐课程和学时　　　　表1-1

序号	知识领域				推荐课程
		编号	知识描述	推荐学时	
1	工具性知识 （304学时）	1-1	外国语	256	大学外语、专业（或科技）外语、文献检索、程序设计语言
		1-2	信息科学	48	
2	人文社会科学基础知识 （460学时）	2-1	哲学	172	毛泽东思想和中国特色社会主义理论体系、马克思主义基本原理、中国近代史纲要、思想道德修养与法律基础、心理学基础、体育、军事理论、文学欣赏、艺术欣赏、管理学、经济学、经济法、会计学、财务管理
		2-2	政治学		
		2-3	历史学		
		2-4	法学		
		2-5	社会学		
		2-6	心理学		
		2-7	艺术学		
		2-8	文学		
		2-9	体育	160	
		2-10	管理学	48	
		2-11	经济学	48	
		2-12	经济法	32	
		2-13	军事学	3周	
3	自然科学基础知识 （416学时）	3-1	数学	304	高等数学、线性代数、统计学、运筹学、管理信息系统、AutoCAD技术基础
		3-2	信息技术	112	
	合　　计			1180	24

专业知识体系的领域、推荐课程和学时　　　　表1-2

序号	知识领域	推荐课程	推荐学时
1	房地产开发与建设技术	工程图学、工程力学、工程结构、房屋建筑学、风景园林设计、工程项目管理、城市规划原理、城市土地利用与管理、建设工程估价与成本控制、房地产开发与管理软件应用	466
2	房地产经济理论与方法	房地产专业导论、工程经济学、城市与房地产经济学、房地产估价、房地产金融	152
3	房地产管理理论与技术	房地产开发项目管理、房地产市场分析、房地产投资分析、房地产策划与营销、物业与资产管理	180
4	房地产法律制度与政策	房地产合同管理、房地产法律制度	64
	合　　计	22	862

房地产开发与建设技术知识领域知识单元、知识点　　　　表 1-2-1

知识单元		知识点			推荐学时	推荐课程（学时）
序号	描述	编号	描述	要求		
1	制图基本知识	1-1	制图的基本规定	掌握	2	工程图学（64学时）
		1-2	制图工具与几何作图	了解		
2	投影基础知识	2-1	工程中常用的图示方法	熟悉	2	
		2-2	三视图的形成及特性	熟悉		
3	投影及其变换	3-1	点、直线和平面的投影	掌握	6	
		3-2	投影变换	掌握		
4	几何元素间的相对位置	4-1	平行关系	掌握	4	
		4-2	相交关系	掌握		
		4-3	垂直关系	掌握		
5	曲线	5-1	平面曲线的投影	了解	2	
		5-2	圆柱螺旋线	了解		
		5-3	Bezier 曲线	了解		
		5-4	B 样条曲线	了解		
6	二维图形的构成及绘制	6-1	二维图形的构成方法	了解	6	
		6-2	圆弧连接的尺规作图	了解		
		6-3	用计算机作圆弧连接	了解		
7	曲面	7-1	回转面	掌握	2	
		7-2	螺旋面	了解		
8	三维形体的构造及表达	8-1	三维形体的构造方法	掌握	10	
		8-2	平面立体及其表面交线	掌握		
		8-3	曲面立体及其表面交线	掌握		
		8-4	多个立体相交	掌握		
		8-5	组合体视图的画法及尺寸标注	掌握		
		8-6	组合体视图的阅读	掌握		
9	轴测投影	9-1	正等轴测投影	掌握	4	
		9-2	斜二等轴测投影	熟悉		
		9-3	轴测图上的剖切画法	熟悉		
10	物体的图样表达方法	10-1	视图	了解	6	
		10-2	剖面图	掌握		
		10-3	断面图	掌握		
		10-4	图样综合应用	了解		
11	工程专业图的识读	11-1	钢筋混凝土构件图	熟悉	16	
		11-2	钢结构构件图	熟悉		
		11-3	土木工程施工图	掌握		
		11-4	给水排水施工图	熟悉		
		11-5	道路、桥梁、涵洞、隧道等工程图	了解		
12	计算机绘制工程图样	12-1	计算机绘制工程图样	了解	4	

9

续表

知识单元		知识点			推荐学时	推荐课程（学时）
序号	描述	编号	描述	要求		
1	工程力学引论	1-1	力学的研究对象与任务	了解	2	工程力学（64学时）
		1-2	结构计算简图	掌握		
		1-3	结构与荷载	熟悉		
		1-4	平面结构与杆系结构	掌握		
2	静力学基本知识	2-1	静力学公理	掌握	4	
		2-2	约束与约束反力	掌握		
		2-3	物体的受力分析	掌握		
3	力系	3-1	平面汇交力系与平面力偶系	掌握	6	
		3-2	平面一般力系	掌握		
		3-3	空间一般力系	熟悉		
4	轴向拉伸和压缩	4-1	轴向拉、压杆的内力——轴力	熟悉	4	
		4-2	轴向拉、压杆横、斜截面上的应力	熟悉		
		4-3	材料在拉、压时的力学性能	熟悉		
		4-4	拉、压杆强度计算	掌握		
		4-5	拉、压杆变形计算及胡克定律	掌握		
5	剪切、扭转和弯曲	5-1	剪切	掌握	8	
		5-2	扭转	掌握		
		5-3	弯曲	掌握		
		5-4	组合变形	掌握		
6	梁的内力及变形	6-1	梁的内力及应力	掌握	10	
		6-2	梁的变形	掌握		
7	压杆稳定	7-1	细长杆的临界荷载	掌握	4	
		7-2	压杆临界应力和稳定计算	掌握		
		7-3	提高压杆稳定性的措施	熟悉		
8	静定结构内力、位移的分析和计算	8-1	静定结构的内力计算	掌握	12	
		8-2	静定结构的位移计算	掌握		
9	超静定结构内力、位移的分析和计算	9-1	超静定问题及其解法	掌握	14	
		9-2	力法	掌握		
		9-3	位移法	掌握		
		9-4	渐近法和近似法	熟悉		

续表

知识单元		知识点			推荐学时	推荐课程（学时）
序号	描述	编号	描述	要求		
1	工程结构概论	1-1	混凝土结构、砌体结构的一般概念及特点	熟悉	2	工程结构（64学时）
		1-2	混凝土结构、砌体结构的发展简况及其应用	了解		
2	钢筋混凝土材料的力学性能	2-1	钢筋的力学性能	掌握	4	
		2-2	混凝土的力学性能	掌握		
		2-3	钢筋与混凝土的粘结	掌握		
3	混凝土结构的基本设计原则	3-1	极限状态	熟悉	4	
		3-2	混凝土结构设计规范所采用的设计表达式	熟悉		
		3-3	荷载的分类及其标准值	熟悉		
		3-4	材料强度的标准值与设计值	熟悉		
4	轴心受力构件的承载力计算	4-1	轴心受压构件的承载力计算	掌握	4	
		4-2	轴心受拉构件的承载力计算	掌握		
5	受弯构件正截面的承载力计算	5-1	混凝土受弯构件破坏试验研究分析	掌握	6	
		5-2	受弯构件正截面承载力的计算	掌握		
		5-3	单筋矩形截面受弯构件的承载力计算	掌握		
		5-4	双筋矩形截面受弯构件的承载力计算	掌握		
		5-5	T形截面受弯构件的承载力计算	掌握		
6	受弯构件斜截面的承载力计算	6-1	无腹筋梁的抗剪性能	熟悉	4	
		6-2	有腹筋梁的抗剪性能	熟悉		
		6-3	无腹筋梁和有腹筋梁斜截面受剪承载力计算	掌握		
		6-4	连续梁的抗剪性能及斜截面受剪承载力计算	掌握		
		6-5	保证受弯构件斜截面受剪承载力的构造措施	掌握		
7	偏心受力构件的承载力计算	7-1	偏心受压构件正截面的承载力计算	掌握	6	
		7-2	偏心受拉构件正截面的承载力计算	掌握		
		7-3	偏心受压构件斜截面的承载力计算	熟悉		
		7-4	偏心受拉构件斜截面的承载力计算	熟悉		
8	混凝土构件变形及裂缝宽度验算	8-1	正常使用极限状态的有关限值	了解	4	
		8-2	受弯构件变形验算	熟悉		
		8-3	裂缝宽度验算	掌握		
9	预应力混凝土构件计算	9-1	预应力混凝土构件基本原理	熟悉	6	
		9-2	张拉控制应力和预应力损失	熟悉		
		9-3	预应力混凝土轴心受拉构件的计算和验算	熟悉		
		9-4	预应力混凝土受弯构件的计算和验算	了解		
		9-5	预应力混凝土构件的构造要求	掌握		

续表

序号	知识单元 描述	编号	知识点 描述	要求	推荐学时	推荐课程（学时）
10	梁板结构设计	10-1	梁板结构概述	掌握	4	工程结构（64学时）
		10-2	单向板肋梁楼盖设计	掌握		
		10-3	双向板肋梁楼盖设计	熟悉		
		10-4	装配式楼盖设计	了解		
11	单层厂房结构设计	11-1	单层厂房的结构组成和结构布置	掌握	4	
		11-2	厂房柱设计	了解		
		11-3	柱下独立基础设计	掌握		
12	混凝土多高层房屋结构设计	12-1	混凝土多高层房屋结构体系及其布置	掌握	8	
		12-2	混凝土多高层框架结构内力与侧移的近似计算	掌握		
		12-3	混凝土多高层框架结构截面设计	熟悉		
		12-4	混凝土多高层框架结构构造设计	熟悉		
		12-5	混凝土多高层框架结构抗震设计	了解		
13	砌体结构设计	13-1	砌体结构的概念	掌握	8	
		13-2	砌体的材料性能	掌握		
		13-3	砌体构件的承载力计算	熟悉		
		13-4	砌体结构的承重体系	熟悉		
		13-5	砌体结构的静力方案	熟悉		
		13-6	砌体结构的构造措施	熟悉		
		13-7	砌体结构的抗震设计	熟悉		
		13-8	过梁、挑梁的设计	了解		
1	绪论	1-1	我国的建筑方针和影响因素	了解	4	房屋建筑学（64学时）
		1-2	民用建筑的分类与分级	掌握		
		1-3	建筑设计的内容、程序和依据	了解		
2	建筑平面设计	2-1	使用房间平面设计	掌握	8	
		2-2	辅助房间平面设计	了解		
		2-3	交通联系部分平面设计	了解		
		2-4	平面组合设计	掌握		
3	建筑剖面设计	3-1	房间的剖面设计	了解	2	
		3-2	房屋各部分高度的确定	熟悉		
		3-3	房屋层数的确定	掌握		
		3-4	建筑空间的组合和利用	掌握		
4	建筑体型与立面设计	4-1	建筑体型和立面设计的因素	了解	2	
		4-2	体型和立面设计的一般规律和设计方法	了解		

续表

知识单元		知识点			推荐学时	推荐课程（学时）
序号	描述	编号	描述	要求		
5	建筑构造设计概论	5-1	概述	了解	4	房屋建筑学（64学时）
		5-2	建筑物的结构类型	了解		
		5-3	影响建筑构造的因素	了解		
		5-4	建筑保温、防热和节能	掌握		
		5-5	建筑隔声	掌握		
		5-6	建筑防震	了解		
6	地基与基础	6-1	地基与基础概述	了解	4	
		6-2	基础的类型与构造	掌握		
		6-3	地下室构造	掌握		
7	墙	7-1	墙体类型和设计要求	了解	6	
		7-2	砖墙	掌握		
		7-3	砌块墙	了解		
		7-4	骨架墙	了解		
		7-5	隔墙	掌握		
		7-6	墙面装修	熟悉		
8	楼地层	8-1	楼板的组成、分类及设计要求	掌握	6	
		8-2	钢筋混凝土楼板	掌握		
		8-3	楼板层的细部构造	掌握		
		8-4	地坪层与地面构造	掌握		
		8-5	阳台与雨篷	熟悉		
9	楼梯	9-1	概述	了解	8	
		9-2	钢筋混凝土楼梯	掌握		
		9-3	台阶与坡道	了解		
		9-4	电梯和自动扶梯	了解		
10	屋顶	10-1	概述	了解	8	
		10-2	平屋顶	掌握		
		10-3	坡屋顶	熟悉		
11	门窗	11-1	概述	了解	2	
		11-2	木门	掌握		
		11-3	木窗	了解		
		11-4	其他材料的门窗	了解		
12	变形缝	12-1	变形缝的类型、作用及要求	了解	6	
		12-2	变形缝的构造	掌握		

续表

序号	知识单元 描述	编号	知识点 描述	要求	推荐学时	推荐课程（学时）
13	建筑工业化简介	13-1	概述	了解		房屋建筑学（64学时）
		13-2	板材装配式建筑	了解		
		13-3	钢筋混凝土骨架装配式建筑	了解		
		13-4	轻型钢结构骨架建筑	了解		
		13-5	盒子建筑	了解		
		13-6	工具式模板现浇建筑	了解		
14	工业建筑设计概述	14-1	工业建筑的特点、分类及结构组成	了解	2	
		14-2	单层厂房设计	了解		
		14-3	多层厂房建筑设计	了解		
1	景观认知与表达	1-1	景观理念	了解	2	风景园林设计（26学时）
		1-2	景观认知与表达	熟悉		
		1-3	景观的秩序	熟悉		
		1-4	景观诊断	掌握		
2	景观设计程序与方法	2-1	景观项目概述	熟悉	6	
		2-2	景观项目的操作程序	掌握		
		2-3	案例研究：开发项目景观设计	熟悉		
3	景观设计场景与生境	3-1	景观空间的内涵与构成	了解	14	
		3-2	场所中的场景	了解		
		3-3	场地中的生境	熟悉		
		3-4	景观设计途径	了解		
4	景观设计选题与训练	4-1	景观调查报告	熟悉	4	
		4-2	场所中的场景选题与设计训练	了解		
1	工程项目管理概论	1-1	项目、工程项目、施工项目概念与基本特征	了解	2	工程项目管理（48学时）
		1-2	项目管理、工程项目管理分类	熟悉		
		1-3	国内外工程项目建设程序	熟悉		
		1-4	工程项目管理的主要工作内容	掌握		
		1-5	施工组织设计概念与基本任务	了解		
		1-6	施工组织设计分类与主要内容	熟悉		
		1-7	控制、工程项目控制、施工项目控制的概念与内容	熟悉		
		1-8	工程质量、成本、进度控制目标的关系	熟悉		
		1-9	工程项目的控制程序的主要环节与具体措施	掌握		

续表

知识单元		知识点			推荐学时	推荐课程（学时）
序号	描述	编号	描述	要求		
2	流水施工原理	2-1	流水施工的概念与特点	熟悉	6	工程项目管理（48学时）
		2-2	流水施工的主要参数	掌握		
		2-3	施工段划分的方法与原则	熟悉		
		2-4	流水节拍的概念与确定方法	掌握		
		2-5	流水步距的概念与确定方法	掌握		
		2-6	流水施工的基本方式与基本特点	熟悉		
		2-7	等节拍专业流水、异节拍专业流水、无节奏专业流水的组织方法	掌握		
3	工程网络计划技术	3-1	工程网络计划技术的发展现状	了解	14	
		3-2	我国现行工程网络计划技术规程	了解		
		3-3	网络图的概念与基本要素	熟悉		
		3-4	工程网络计划技术分类	了解		
		3-5	双代号、单代号网络图的绘制规则	熟悉		
		3-6	网络图的节点编号规则、双代号网络计划的时间参数种类与计算方法	掌握		
		3-7	单代号网络计划的时间参数种类与计算方法	熟悉		
		3-8	关键线路的概念与确定方法	掌握		
		3-9	建筑工程施工网络计划的排列方法	熟悉		
		3-10	时标网络计划的绘制方法与时标网络计划时间参数分析方法	掌握		
		3-11	网络计划优化的内容与优化方法	熟悉		
4	项目管理的组织	4-1	项目组织形式的类型与特点	熟悉	4	
		4-2	项目管理组织机构的设置原则	了解		
		4-3	我国建设项目、施工项目管理组织形式	熟悉		
		4-4	项目经理在项目管理中的地位和作用	熟悉		
		4-5	项目经理应具备的基本素质、知识结构	熟悉		
		4-6	项目经理部的设立原则与程序、项目经理部的职能部门设置及其工作职责	了解		
		4-7	项目组织协调的概念、范围与层次	熟悉		
		4-8	项目组织协调的基本方法	掌握		
5	施工组织总设计	5-1	施工组织总设计的概念与内容	熟悉	2	
		5-2	施工部署的内容	熟悉		
		5-3	施工总进度计划的编制方法	熟悉		
		5-4	施工总平面图的设计内容与设计方法和步骤	熟悉		

续表

知识单元		知识点			推荐学时	推荐课程（学时）
序号	描述	编号	描述	要求		
6	单位工程施工组织设计	6-1	单位工程施工组织设计的编制依据与程序	了解	6	
		6-2	单位工程施工组织设计的内容	熟悉		
		6-3	单位工程施工方案的内容	掌握		
		6-4	施工方案的技术经济评价方法和指标	熟悉		
		6-5	单位工程施工进度计划的编制依据	了解		
		6-6	单位工程施工进度计划的编制步骤和内容	掌握		
		6-7	单位工程施工平面图的设计内容、设计原则与步骤	掌握		
7	工程项目进度控制	7-1	工程项目进度控制主要工作内容	熟悉	4	
		7-2	横道进度计划实施中的控制步骤与方法	掌握		
		7-3	网络进度计划实施中的控制步骤与方法	掌握		
		7-4	"S"形曲线的概念、绘制与控制步骤和方法	了解		
8	工程项目成本控制	8-1	工程项目成本的概念、构成与分类	了解	2	工程项目管理（48学时）
		8-2	工程项目目标成本的确定与分解方法	熟悉		
		8-3	工程项目成本控制的原则与基础工作	熟悉		
		8-4	工程变更与索赔的概念与基本方法	了解		
		8-5	工程项目成本核算的概念与指标体系	了解		
		8-6	工程项目成本分析的方法	熟悉		
9	工程项目质量控制与安全管理	9-1	工程项目质量的概念与特点	了解	6	
		9-2	工程项目质量控制原理	熟悉		
		9-3	工程项目的工作、工序质量、产品质量的控制目标	熟悉		
		9-4	工程项目质量的PDCA循环法	掌握		
		9-5	质量管理七种工具的概念及其在工程项目中的应用	掌握		
		9-6	工程项目质量成本的概念与组成	熟悉		
10	工程项目竣工验收	10-1	工程项目竣工验收的内容、依据与标准	了解	2	
		10-2	工程项目竣工验收的步骤与方法	熟悉		
		10-3	工程项目竣工验收资料和技术档案的内容	熟悉		
		10-4	国家对工程项目保修期的现行规定	了解		

续表

知识单元		知识点			推荐学时	推荐课程（学时）
序号	描述	编号	描述	要求		
1	城市与城市规划	1-1	城市与城镇化	掌握	4	城市规划原理（32学时）
		1-2	城市规划思想发展	熟悉		
		1-3	城乡规划体制	了解		
		1-4	城市规划的价值	掌握		
2	城市规划的影响要素及其分析方法	2-1	生态与环境	掌握	8	
		2-2	经济与产业	掌握		
		2-3	人口与社会	掌握		
		2-4	历史与文化	熟悉		
		2-5	技术与信息	熟悉		
3	城乡空间规划	3-1	城市规划的类型与编制内容	掌握	8	
		3-2	城市用地分类及其适用性评价	掌握		
		3-3	城乡区域规划	熟悉		
		3-4	总体规划	掌握		
		3-5	控制性详细规划	掌握		
4	城市专项规划	4-1	城市交通与道路系统	熟悉	8	
		4-2	城市生态与环境规划	熟悉		
		4-3	城市工程系统规划	掌握		
		4-4	城乡住区规划	掌握		
		4-5	城市设计	熟悉		
		4-6	城市遗产保护与城市复兴	了解		
5	城市规划的实施	5-1	城市开发规划	掌握	4	
		5-2	城市规划管理	掌握		
1	城市土地基本理论	1-1	城市土地利用基本理论	熟悉	6	城市土地利用与管理（32学时）
		1-2	我国城市土地制度	掌握		
2	城市土地利用规划	2-1	城市土地有偿使用	掌握	10	
		2-2	城市土地整理开发	掌握		
		2-3	城市土地集约利用	熟悉		
		2-4	城市土地利用规划与计划管理	掌握		
3	城市土地利用管理	3-1	城市土地地籍管理	熟悉	16	
		3-2	城市建设用地审批管理	掌握		
		3-3	城市土地市场管理	掌握		
		3-4	城市土地价格评估与管理	掌握		
		3-5	城市土地税收管理	掌握		
		3-6	中国城市发展与耕地资源保护	了解		

续表

知识单元		知识点			推荐学时	推荐课程（学时）
序号	描述	编号	描述	要求		
1	工程费用构成与计算	1-1	建筑安装工程费用项目组成	掌握	4	建设工程估价（48学时）
		1-2	费用计算	熟悉		
2	工程概预算	2-1	施工图预算编制及表格组成	掌握	4	
		2-2	设计概算的编制	掌握		
3	建设工程工程量清单计价规范	3-1	工程量清单与综合单价	掌握	3	
		3-2	工程量清单的作用和适用范围	熟悉		
4	工程量清单的编制与计价	4-1	工程量清单的编制	掌握	6	
		4-2	工程造价的计算	掌握		
5	建筑面积计算规范	5-1	计算建筑面积的范围与方法	掌握	3	
		5-2	不计算建筑面积的范围	掌握		
6	工程量清单计算规范	6-1	专业工程分部分项工程量计算规范	掌握	8	
		6-2	措施项目计算规范	掌握		
7	建筑工程预算工程量计算规则	7-1	预算规则与清单规则的区别与联系	熟悉	4	
		7-2	预算工程量计算规则	掌握		
8	招标投标阶段的工程估价	8-1	招标标底	熟悉	4	
		8-2	招标控制价	掌握		
		8-3	投标价	掌握		
9	合同价款的确定与调整	9-1	合同价款类型	熟悉	6	
		9-2	合同价款的确定方法	掌握		
		9-3	合同价款的调整	掌握		
10	建设工程结算	10-1	工程价款的主要结算方式	掌握	6	
		10-2	工程计量与结算	掌握		
		10-3	竣工结算编制与复核	掌握		
1	工程咨询软件技术	1-1	资金时间价值计算	掌握	6	房地产开发与管理软件应用（24学时）
		1-2	财务分析与财务报表	掌握		
2	市场研究软件技术	2-1	数据统计	掌握	4	
		2-2	市场研究绘图	掌握		
3	规划与建筑设计软件技术	3-1	规划软件	了解	2	
		3-2	建筑设计软件	了解		
4	工程造价软件技术	4-1	工程计量	熟悉	4	
		4-2	工程计价	熟悉		
5	项目管理软件技术	5-1	横道图与网络图绘制	掌握	4	
		5-2	网络计划与网络优化	掌握		
6	项目沙盘软件技术	6-1	模型功能设计	熟悉	2	
		6-2	模拟流程设计	熟悉		
7	BIM软件技术	7-1	BIM建模	熟悉	2	
		7-2	BIM应用	了解		
合计：87			325		466	

房地产经济理论与方法知识领域知识单元、知识点　　　　表 1-2-2

知识单元		知识点		要求	推荐学时	推荐课程（学时）
序号	描述	编号	描述			
1	专业与行业概况	1-1	专业发展回顾	熟悉	2	房地产专业导论（8学时）
		1-2	行业发展现状	熟悉		
		1-3	房地产企业概况	熟悉		
2	专业培养方案	2-1	专业培养目标	熟悉	4	
		2-2	专业知识体系	熟悉		
		2-3	专业课程体系	熟悉		
		2-4	专业实践体系	熟悉		
3	职业规划与职业道德	3-1	职业发展规划	熟悉	2	
		3-2	职业道德	熟悉		
1	工程经济学引论	1-1	工程经济学的概念和性质	熟悉	2	工程经济学（48学时）
		1-2	工程经济学的产生背景和发展历史	了解		
		1-3	工程经济分析的基本原则、过程和步骤	掌握		
2	现金流量与资金等值计算	2-1	现金流量的概念、构成及表示方式	掌握	6	
		2-2	资金时间价值概念及基本计算公式	掌握		
		2-3	利率的内涵、作用与种类	掌握		
		2-4	名义利率和实际利率的概念及计算	掌握		
		2-5	资金等值计算及其应用	掌握		
3	资金筹措与资金成本	3-1	工程项目资金总额的构成	熟悉	4	
		3-2	项目资本金融通和项目债务资金筹措	熟悉		
		3-3	项目融资及其主要模式	了解		
		3-4	不同来源渠道资金的资金成本计算	掌握		
		3-5	加权平均资金成本计算	掌握		
4	工程技术方案经济效果评价方法	4-1	静态、动态经济效果评价指标的含义、特点	熟悉	8	
		4-2	静态、动态经济效果评价指标计算方法和评价准则	掌握		
		4-3	工程技术方案经济效果评价指标体系	掌握		
		4-4	独立方案的经济效果评价及优选方法	掌握		
		4-5	互斥方案的经济效果评价及优选方法	掌握		
		4-6	相关方案的经济效果评价及优选方法	掌握		
5	不确定性及风险分析	5-1	不确定性分析的目的、意义和内容	熟悉	6	
		5-2	盈亏平衡分析的含义及作用	熟悉		
		5-3	盈亏平衡分析的方法	掌握		
		5-4	敏感性分析的方法和步骤	掌握		
		5-5	风险分析方法	熟悉		

续表

知识单元		知识点			推荐学时	推荐课程（学时）
序号	描述	编号	描述	要求		
6	工程项目可行性研究	6-1	可行性研究的概念和工作程序	熟悉	4	工程经济学（48学时）
		6-2	可行性研究报告的作用和编制依据	熟悉		
		6-3	可行性研究报告的基本内容	掌握		
		6-4	市场调查的方法	了解		
7	工程项目财务评价	7-1	财务评价的概念、目的和程序	熟悉	8	
		7-2	财务评价的指标体系和步骤	掌握		
		7-3	财务评价的基本报表	掌握		
		7-4	建设投资和流动资金的估算方法	掌握		
		7-5	负债比例与财务杠杆	熟悉		
		7-6	生产经营期利息的计算	掌握		
8	工程项目国民经济评价	8-1	国民经济评价的概念和必要性	了解	4	
		8-2	国民经济评价与财务评价的异同点	熟悉		
		8-3	国民经济评价中费用和效益的识别	熟悉		
		8-4	国民经济评价费用效益的计量	了解		
		8-5	国民经济评价参数	熟悉		
		8-6	国民经济评价指标的含义及其计算方法	掌握		
9	设备更新分析	9-1	设备更新的原因及特点	熟悉	2	
		9-2	设备经济寿命的计算	掌握		
		9-3	设备更新的理论和方法	掌握		
		9-4	设备大修理及其经济界限	了解		
		9-5	设备更新方案的综合比较	了解		
		9-6	设备租赁与购置的方案比较	熟悉		
10	价值工程	10-1	价值工程的概念	熟悉	4	
		10-2	价值工程对象的选择	熟悉		
		10-3	价值工程分析步骤	了解		
		10-4	功能分析与研究的方法	掌握		
		10-5	价值工程方案评价与实施	熟悉		
1	基础知识	1-1	城市经济学基本概念与知识体系	熟悉	2	城市与房地产经济学（32学时）
		1-2	房地产经济学基本概念与知识体系	熟悉		
		1-3	城市化进程与中国房地产经济发展	熟悉		
2	城市结构	2-1	城镇体系结构	熟悉	2	
		2-2	城市经济结构	熟悉		
		2-3	城市人口结构	熟悉		

续表

知识单元		知识点			推荐学时	推荐课程（学时）
序号	描述	编号	描述	要求		
3	城市经济	3-1	城市土地经济	熟悉	2	城市与房地产经济学（32学时）
		3-2	城市住宅经济	熟悉		
		3-3	城市基础设施经济	熟悉		
		3-4	城市环境经济	熟悉		
4	城市管理	4-1	城市社会组织	熟悉	2	
		4-2	城市财政与金融	熟悉		
		4-3	城市运营	熟悉		
5	城市土地市场	5-1	李嘉图地租理论与竞租函数	掌握	2	
		5-2	单中心城市的土地利用模式	掌握		
		5-3	多中心城市的形成和蔓延	掌握		
		5-4	土地利用管制的经济学分析	熟悉		
6	住房市场供求与均衡	6-1	住房消费与住房需求函数	掌握	2	
		6-2	限定条件下的住房供给函数	掌握		
		6-3	基于四象限模型的住房市场的静态均衡	熟悉		
7	住房价格	7-1	住房特征价格模型	掌握	2	
		7-2	厂商行为与定价	掌握		
		7-3	基于存量—流量模型的住房均衡价格	熟悉		
8	写字楼市场	8-1	租户特征与写字楼需求	掌握	2	
		8-2	写字楼空间存量与潜在供给	掌握		
		8-3	写字楼市场运行的结构式模型	了解		
9	零售商业物业市场	9-1	古典和新古典零售商业物业理论	掌握	2	
		9-2	零售商业物业商圈测定的引力模型	了解		
		9-3	联合销售下的购物中心布局与租金模型	熟悉		
10	房地产投资消费与经济增长	10-1	房地产投资乘数效应	掌握	2	
		10-2	房地产价格财富效应	掌握		
		10-3	房地产市场影响经济增长的实证检验	熟悉		
11	人口、货币与房地产	11-1	纳瑟姆曲线与住房需求	掌握	2	
		11-2	货币流动性与房地产供求	熟悉		
		11-3	房地产金融创新与风险监管	了解		
12	房地产经济周期的理论解释与实证检测	12-1	房地产经济周期的理论解释	掌握	2	
		12-2	房地产经济周期测度	掌握		
		12-3	房地产泡沫实证检测	熟悉		
13	房地产市场调控与预警	13-1	房地产市场失灵与调控	熟悉	2	
		13-2	房地产市场调控效应	熟悉		
		13-3	房地产市场预警监测	掌握		

续表

序号	知识单元描述	编号	知识点描述	要求	推荐学时	推荐课程（学时）
14	住房保障的制度安排与经济抉择	14-1	过滤模型与住房保障	掌握	2	城市与房地产经济学（32学时）
		14-2	住房保障的制度安排	熟悉		
		14-3	住房保障的经济抉择	熟悉		
15	房地产税收效应与税制设计	15-1	税收与房地产经济运行	熟悉	2	
		15-2	房地产税收的经济效应	掌握		
		15-3	房地产税收的社会效应	了解		
		15-4	房地产税制设计	熟悉		
16	房地产产权的经济属性与制度建设	16-1	科斯定理与房地产产权	熟悉	2	
		16-2	房地产产权的经济属性	熟悉		
		16-3	房地产产权的制度建设	熟悉		
1	房地产估价概述	1-1	房地产估价的概念	熟悉	2	房地产估价（32学时）
		1-2	房地产估价的特点	熟悉		
		1-3	房地产估价的要素	掌握		
		1-4	房地产估价的发展	了解		
2	房地产价格和价值	2-1	房地产价格和价值的种类	掌握	3	
		2-2	房地产价格的特点	熟悉		
		2-3	房地产价格与供求	了解		
		2-4	房地产价格的影响因素	熟悉		
3	比较法及其运用	3-1	比较法概述	熟悉	3	
		3-2	交易实例搜集	熟悉		
		3-3	可比实例选取	熟悉		
		3-4	比较基础建立	掌握		
		3-5	价格修正调整	掌握		
4	收益法及其运用	4-1	收益法概述	熟悉	4	
		4-2	收益法公式	掌握		
		4-3	收益期和持有期的测算	熟悉		
		4-4	净收益的测算	掌握		
		4-5	报酬率和资本化率的确定	熟悉		
5	成本法及其运用	5-1	成本法概述	熟悉	4	
		5-2	房地产价格构成	掌握		
		5-3	成本法基本公式	熟悉		
		5-4	重置成本和重建成本的测算	熟悉		
		5-5	建筑物折旧的测算	掌握		

续表

知识单元		知识点			推荐学时	推荐课程（学时）
序号	描述	编号	描述	要求		
6	假设开发法及其运用	6-1	假设开发法概述	熟悉	3	房地产估价（32学时）
		6-2	假设开发法基本公式	熟悉		
		6-3	假设开发法估价前提的选择	熟悉		
		6-4	最佳开发经营方式的选择	熟悉		
		6-5	开发价值的计算	掌握		
7	其他估价方法及其运用	7-1	批量估价方法	熟悉	2	
		7-2	路线价法	熟悉		
		7-3	基准地价修正法	了解		
		7-4	价值减损评估方法	熟悉		
		7-5	估价系统与平台	了解		
8	房地产估价原则	8-1	估价原则概述	熟悉	2	
		8-2	独立客观公正原则	掌握		
		8-3	合法原则	掌握		
		8-4	价值时点原则	掌握		
		8-5	替代原则	了解		
		8-6	最高最佳利用原则	掌握		
		8-7	谨慎原则	了解		
9	房地产估价程序	9-1	估价程序概述	掌握	3	
		9-2	估价委托的受理	熟悉		
		9-3	估价前期工作	熟悉		
		9-4	估价对象的实地查勘	掌握		
		9-5	估价测算与结果确定	掌握		
		9-6	估价报告写作及交付	掌握		
		9-7	估价资料的保存	了解		
10	不同估价对象的估价	10-1	住宅估价	掌握	3	
		10-2	办公楼估价	掌握		
		10-3	商业用房估价	熟悉		
		10-4	酒店估价	熟悉		
		10-5	厂房估价	熟悉		
		10-6	其他房地产估价	了解		
11	不同估价目的的估价	11-1	房地产抵押估价	掌握	3	
		11-2	房地产税收估价	熟悉		
		11-3	房地产征收估价	掌握		
		11-4	房地产交易估价	熟悉		
		11-5	房地产司法鉴定估价	掌握		
		11-6	其他目的的估价	了解		

续表

知识单元		知识点			推荐学时	推荐课程（学时）
序号	描述	编号	描述	要求		
1	房地产金融概述	1-1	金融与房地产金融	掌握	2	房地产金融（32学时）
		1-2	房地产金融体系	掌握		
		1-3	金融中介（商业银行、投资公司、保险公司、基金公司、信托公司）	熟悉		
		1-4	金融市场（直接融资；第二抵押市场；一级和二级市场；资金和资本市场）	了解		
2	金融理论与房地产	2-1	资产估值	熟悉	2	
		2-2	财务杠杆理论和最优资本结构	熟悉		
		2-3	期权与房地产金融	了解		
		2-4	金融中介理论	了解		
		2-5	组合投资理论	熟悉		
		2-6	有效市场理论	了解		
		2-7	代理理论	了解		
3	国际住房金融体系	3-1	美国住房金融体系	熟悉	2	
		3-2	英国社会住房金融体系	了解		
		3-3	日本住房金融体系	了解		
		3-4	新加坡政府组屋与公积金制度	熟悉		
4	中国住房金融体系	4-1	住房金融机构	掌握	2	
		4-2	住房金融产品（地产开发贷款、房产开发贷款、个人住房抵押贷款）	掌握		
		4-3	住房金融风险	熟悉		
		4-4	政策性住房金融	熟悉		
		4-5	住房金融与信贷政策	熟悉		
5	个人住房抵押贷款	5-1	个人住房抵押贷款及其类型	掌握	4	
		5-2	借款人资格审查与信用评估	熟悉		
		5-3	贷款条件（利率、期限、首付款比例、还款方式）与贷款风险	掌握		
		5-4	个人住房抵押贷款担保和保险	熟悉		
		5-5	还款违约和强制收回	熟悉		
6	住房公积金制度	6-1	住房公积金概述	了解	2	
		6-2	住房公积金的缴存、提取与使用	熟悉		
		6-3	住房公积金贷款	掌握		
		6-4	组合贷款和政策性贴息贷款	熟悉		
		6-5	住房公积金改革与公积金贷款证券化需求	了解		

续表

序号	知识单元描述	编号	知识点描述	要求	推荐学时	推荐课程（学时）
7	住房抵押贷款证券化	7-1	住房抵押贷款证券化及其动因	熟悉	4	房地产金融（32学时）
		7-2	住房抵押贷款证券化的操作模式	熟悉		
		7-3	住房抵押贷款支持证券的品种类型	熟悉		
		7-4	住房抵押贷款证券化的风险管理	熟悉		
		7-5	住房抵押贷款证券化实践	了解		
8	土地储备与土地开发项目融资	8-1	权益资金：土地出让收入与土地收益基金	熟悉	2	
		8-2	债务融资：地产开发贷款	熟悉		
		8-3	债务融资：地方政府债券	掌握		
		8-4	土地储备与土地开发项目贷款评估	熟悉		
9	房地产开发项目融资	9-1	融资方案与资本结构设计	掌握	4	
		9-2	权益资本融资(联合开发、机构投资者参与)	掌握		
		9-3	债务资本融资（资金来源、贷款条件）	掌握		
		9-4	开发项目贷款评估	掌握		
10	商用房地产长期融资	10-1	商用房地产抵押贷款（房屋所有权和土地使用权抵押或商用房地产收益权抵押）	掌握	4	
		10-2	权益参与贷款	熟悉		
		10-3	融资租赁和售后回租	熟悉		
11	房地产投资信托基金	11-1	REITs的起源与发展	了解	2	
		11-2	REITs的类型与结构	熟悉		
		11-3	REITs的法律、税收和会计制度环境	了解		
		11-4	REITs的投资收益特性和估值	熟悉		
		11-5	REITs发展的国际经验	了解		
		11-6	中国REITs的发展前景	了解		
12	房地产企业公开资本市场融资	12-1	股票市场融资（首次公开发行和再融资）	熟悉	2	
		12-2	债券市场融资（普通公司债券、可转换公司债券、分离交易可转债、永续债）	熟悉		
		12-3	公开资本市场融资中的定价问题	了解		
合计：52			225		152	

房地产管理理论与技术知识领域知识单元、知识点　　表1-2-3

序号	知识单元描述	编号	知识点描述	要求	推荐学时	推荐课程
1	导论	1-1	房地产开发与项目管理	熟悉	2	房地产开发项目管理（32学时）
		1-2	开发项目管理现状	了解		
		1-3	房地产开发模式	掌握		

续表

知识单元		知识点			推荐学时	推荐课程
序号	描述	编号	描述	要求		
2	开发决策管理	2-1	市场机会决策	熟悉	2	房地产开发项目管理（32学时）
		2-2	项目财务决策	掌握		
		2-3	项目融资决策	熟悉		
3	开发流程管理	3-1	项目决策流程	熟悉	2	
		3-2	项目开发流程	熟悉		
		3-3	行政审批流程	掌握		
4	项目组织管理	4-1	项目组织设计	了解	4	
		4-2	人员招聘与培训	熟悉		
		4-3	岗位绩效考核	掌握		
5	项目招投标	5-1	招标与投标	了解	4	
		5-2	规划设计阶段招投标	熟悉		
		5-3	施工阶段招投标	熟悉		
		5-4	营销阶段招投标	熟悉		
6	规划设计管理	6-1	开发项目选址	熟悉	2	
		6-2	开发方案设计	熟悉		
		6-3	规划设计成果	掌握		
7	项目营销管理	7-1	营销方案设计	掌握	4	
		7-2	营销组织管理	熟悉		
		7-3	营销财务管理	掌握		
8	开发质量控制	8-1	质量控制原理	了解	4	
		8-2	开发项目质量控制体系设计	熟悉		
		8-3	开发项目质量控制体系管理	熟悉		
9	开发进度控制	9-1	进度控制原理	了解	4	
		9-2	项目进度控制优化	熟悉		
		9-3	进度管理软件	熟悉		
10	开发成本控制	10-1	成本控制原理	了解	4	
		10-2	开发成本阶段控制	熟悉		
		10-3	成本管理软件	熟悉		
1	房地产市场及其特点	1-1	房地产概论	掌握	4	房地产市场分析（48学时）
		1-2	房地产市场的主要组成	熟悉		
		1-3	房地产市场的特性	熟悉		
		1-4	房地产市场的类别	掌握		
		1-5	政府对房地产市场的干预	掌握		
		1-6	房地产市场的发展	了解		
		1-7	中国房地产市场的发展	了解		

续表

知识单元		知识点			推荐学时	推荐课程
序号	描述	编号	描述	要求		
2	房地产市场分析基本概念	2-1	房地产市场分析的概念	掌握	4	房地产市场分析 (48学时)
		2-2	房地产市场分析的种类	掌握		
		2-3	房地产市场分析的需求	掌握		
		2-4	房地产市场分析的流程	熟悉		
		2-5	房地产市场分析报告	了解		
3	房地产市场分析数据	3-1	数据的基本分类	熟悉	2	
		3-2	房地产市场分析的数据要求	熟悉		
		3-3	一手数据的来源及处理	了解		
		3-4	二手数据的来源及处理	了解		
4	房地产市场需求和供给	4-1	房地产需求的概念及特征	掌握	6	
		4-2	消费者消费行为的微观机制	掌握		
		4-3	房地产需求的影响因素	掌握		
		4-4	房地产供给的概念及特征	掌握		
		4-5	厂商开发行为的微观机制	掌握		
		4-6	房地产供给的影响因素	掌握		
5	房地产供需均衡分析	5-1	房地产市场均衡和房地产市场价格	掌握	4	
		5-2	房地产价格指数	熟悉		
		5-3	房地产市场空置的概念和影响因素	掌握		
		5-4	房地产市场周期循环	熟悉		
6	房地产位置分析	6-1	房地产市场位置分析的概念	掌握	2	
		6-2	市场边界的概念和界定方法	熟悉		
		6-3	可达性分析的空间层次和度量方法	熟悉		
		6-4	房地产市场位置分析的维度	熟悉		
7	房地产市场项目本体分析	7-1	房地产市场项目本体的概念和意义	熟悉	4	
		7-2	物理属性分析	熟悉		
		7-3	法律属性分析	熟悉		
		7-4	区位属性分析	熟悉		
		7-5	竞争项目分析	熟悉		
		7-6	优化改进措施	熟悉		
		7-7	产品定位与定价模式	熟悉		
8	住宅市场	8-1	住宅市场的概念、特征与市场细分	掌握	4	
		8-2	住宅市场的需求、供给分析	掌握		
		8-3	住宅市场的价格	掌握		
		8-4	住宅项目的竞争力分析	熟悉		

27

续表

知识单元		知识点			推荐学时	推荐课程
序号	描述	编号	描述	要求		
9	零售商业物业市场	9-1	零售商业物业市场的概念、特征与市场细分	熟悉	4	房地产市场分析 (48学时)
		9-2	零售商业物业市场的需求与供给分析	掌握		
		9-3	零售商业物业商圈测定的引力模型	掌握		
		9-4	零售商业物业项目的竞争力分析	掌握		
10	写字楼市场	10-1	写字楼市场的概念、特征与市场细分	掌握	4	
		10-2	写字楼市场的需求与供给	掌握		
		10-3	写字楼市场租金	掌握		
		10-4	写字楼项目的竞争力分析	熟悉		
11	计量经济学与房地产市场分析	11-1	计量经济学的概念及发展	了解	2	
		11-2	计量经济学的基本方法	了解		
		11-3	计量经济学在房地产市场分析中的应用	了解		
12	地理信息系统与房地产市场分析	12-1	地理信息系统的基本概念	了解	2	
		12-2	地理信息系统的基本分析方法	了解		
		12-3	地理信息系统在房地产市场分析中的应用	了解		
13	大数据与房地产市场分析	13-1	大数据的基本概念	了解	2	
		13-2	大数据在房地产市场分析中的应用	了解		
		13-3	大数据与房地产行业的未来发展	了解		
14	案例	14-1	各个市场分析案例	了解	4	
1	概述	1-1	房地产投资概述	熟悉	2	房地产投资分析 (36学时)
		1-2	房地产投资分析概述	掌握		
		1-3	房地产投资分析中的相关概念	了解		
2	市场分析	2-1	宏观市场趋势分析	了解	3	
		2-2	区域市场分析	熟悉		
		2-3	周边房地产分析	熟悉		
		2-4	竞争性房地产分析	掌握		
3	投资条件分析	3-1	土地与规划条件分析	熟悉	3	
		3-2	区位条件分析	掌握		
		3-3	配套条件分析	掌握		
		3-4	生态环境条件分析	熟悉		
		3-5	经济与政策条件分析	熟悉		
4	投资估算与融资方案分析	4-1	投资估算	掌握	4	
		4-2	资本结构设计	掌握		
		4-3	融资方案分析	掌握		

续表

知识单元		知识点			推荐学时	推荐课程
序号	描述	编号	描述	要求		
5	现金流预测	5-1	总收入估算	掌握	6	房地产投资分析 （36学时）
		5-2	成本费用估算	掌握		
		5-3	税金估算	熟悉		
		5-4	参数估算	熟悉		
		5-5	借款还本付息估算	掌握		
		5-6	现金流入与流出计算	掌握		
6	财务分析	6-1	基本财务报表编制	掌握	4	
		6-2	静态指标计算与分析	掌握		
		6-3	动态指标计算与分析	掌握		
7	项目不确定性分析与风险防范	7-1	盈亏平衡分析	熟悉	4	
		7-2	敏感性分析	熟悉		
		7-3	风险分析与防范	掌握		
8	房地产投资决策分析	8-1	投资决策的步骤和方法	了解	4	
		8-2	投资方案比选	掌握		
		8-3	比选指标的应用分析	熟悉		
9	更新改造项目投资分析	9-1	更新改造项目的范畴和特点	了解	2	
		9-2	更新改造项目基础数据估算	掌握		
		9-3	更新改造项目财务分析的特殊性	了解		
		9-4	更新改造项目投资决策分析	熟悉		
10	房地产投资分析案例扩展	10-1	综合体项目	掌握	4	
		10-2	更新改造项目	熟悉		
1	房地产策划与营销概述	1-1	房地产策划与营销的概念	掌握	2	房地产策划与营销 （32学时）
		1-2	房地产策划与营销的发展历程	了解		
		1-3	房地产策划与营销的地位和作用	了解		
		1-4	房地产策划与营销的特征和流程	了解		
		1-5	房地产策划与营销报告的编制	熟悉		
2	房地产项目土地获取	2-1	项目选址	熟悉	2	
		2-2	获取土地使用权	掌握		
		2-3	土地投标策划	熟悉		
3	房地产项目市场调查	3-1	房地产项目市场调查概述	了解	4	
		3-2	房地产项目市场调查的主要内容	熟悉		
		3-3	房地产项目市场调查的方法	了解		
		3-4	市场调查问卷设计及资料整理	熟悉		

续表

知识单元		知识点			推荐学时	推荐课程
序号	描述	编号	描述	要求		
4	房地产项目STP策划	4-1	房地产项目市场细分	熟悉	4	房地产策划与营销（32学时）
		4-2	房地产项目目标市场选择	熟悉		
		4-3	房地产项目市场定位	掌握		
		4-4	房地产项目主题策划	了解		
5	房地产项目产品策划	5-1	房地产产品的概念和类型	掌握	4	
		5-2	房地产项目产品策略	了解		
		5-3	房地产项目产品定位	熟悉		
		5-4	房地产项目产品策划	了解		
6	房地产项目形象策划	6-1	房地产项目形象策划概述	熟悉	4	
		6-2	房地产项目形象定位	掌握		
		6-3	房地产项目形象识别系统	熟悉		
		6-4	房地产项目形象策划的实践	了解		
7	房地产项目价格策划	7-1	房地产项目定价方法	掌握	4	
		7-2	房地产项目定价策略	熟悉		
		7-3	房地产项目的价格调整	熟悉		
8	房地产项目营销渠道	8-1	房地产项目营销渠道的类型	熟悉	2	
		8-2	房地产项目营销渠道决策	熟悉		
		8-3	房地产项目营销渠道管理	了解		
9	房地产项目市场推广	9-1	房地产项目卖点挖掘	掌握	2	
		9-2	房地产项目市场推广主题	掌握		
		9-3	房地产项目市场推广费用	了解		
		9-4	房地产项目市场推广方式	熟悉		
		9-5	房地产项目销售管理	了解		
10	房地产项目广告策略	10-1	房地产项目广告策略概述	熟悉	2	
		10-2	房地产项目广告策略的主要工作	熟悉		
		10-3	房地产项目广告创意与广告文案	了解		
11	房地产项目互联网营销	11-1	房地产项目互联网营销概述	熟悉	2	
		11-2	房地产项目互联网营销策略	了解		
1	绪论	1-1	相关概念	熟悉	2	物业与资产管理（32学时）
		1-2	物业与资产管理的地位与作用	掌握		
		1-3	物业与资产管理的发展趋势	了解		
2	物业与资产管理基础理论	2-1	产权理论	掌握	4	
		2-1	公共选择理论	掌握		
		2-3	委托代理理论	掌握		
		2-4	社区治理理论	掌握		
		2-5	服务经济理论	掌握		
		2-6	不动产经营理论	掌握		

续表

知识单元		知识点			推荐学时	推荐课程
序号	描述	编号	描述	要求		
3	物业与资产管理市场	3-1	物业与资产管理市场概述	了解	2	物业与资产管理（32学时）
		3-2	物业与资产的类型与特征	掌握		
		3-3	物业与资产管理市场主体	熟悉		
		3-4	物业与资产管理市场需求分析	熟悉		
4	物业资产管理的商业模式	4-1	商业模式的内涵	掌握	4	
		4-2	物业服务商模式	熟悉		
		4-3	物业资源开发商模式	熟悉		
		4-4	物业顾问服务商模式	熟悉		
		4-5	物业资产运营商模式	熟悉		
5	物业租赁管理	5-1	物业租赁概述	了解	2	
		5-2	物业租赁管理	熟悉		
		5-3	物业租赁合同	掌握		
6	居住类物业资产管理	6-1	住宅小区物业资产管理	掌握	4	
		6-2	公寓、别墅物业资产管理	熟悉		
		6-3	酒店式公寓物业资产管理	熟悉		
		6-4	其他居住物业资产管理	了解		
7	商业物业资产管理	7-1	商业物业资产分析	掌握	4	
		7-2	商业物业资产管理模式	掌握		
		7-3	商业物业资产管理内容	熟悉		
		7-4	商业物业资产租赁管理	熟悉		
8	写字楼物业资产管理	8-1	写字楼物业资产分析	掌握	4	
		8-2	写字楼物业资产管理模式	熟悉		
		8-3	写字楼物业资产管理内容	熟悉		
		8-4	写字楼物业资产租赁管理	熟悉		
9	其他类型物业资产管理	9-1	学校物业资产管理	熟悉	2	
		9-2	医院物业资产管理	熟悉		
		9-3	金融物业资产管理	熟悉		
		9-4	体育物业资产管理	熟悉		
		9-5	园区物业资产管理	熟悉		
10	物业资产管理的风险控制与绩效评价	10-1	风险控制与绩效评价概述	了解	4	
		10-2	物业资产管理的风险识别	熟悉		
		10-3	物业资产管理的风险控制	熟悉		
		10-4	物业资产管理的绩效评价	掌握		
合计：55		208			180	31

房地产法律制度与政策知识领域知识单元、知识点　　　　表1-2-4

知识单元		知识点			推荐学时	推荐课程
序号	描述	编号	描述	要求		
1	房地产及相关概念	1-1	房地产	熟悉	2	房地产法律制度（32学时）
		1-2	房地产行业与市场	熟悉		
		1-3	房地产法	掌握		
2	房地产权利设置和法律关系	2-1	房地产物权	掌握	2	
		2-2	房地产债权	掌握		
		2-3	房地产继承权及其他	熟悉		
		2-4	房地产法律关系	掌握		
3	房地产法律体系与管理制度	3-1	房地产法的渊源与体系	熟悉	2	
		3-2	房地产管理制度	掌握		
4	房地产所有权	4-1	土地所有权	掌握	2	
		4-2	房屋所有权	掌握		
		4-3	房地产共有权	熟悉		
		4-4	建筑物区分所有权	掌握		
5	房地产登记	5-1	房地产权属登记制度	熟悉	2	
		5-2	土地权属登记	掌握		
		5-3	房屋权属登记	掌握		
6	城市土地管理与建设用地法律制度	6-1	集体土地征收	掌握	4	
		6-2	国有土地上房屋征收与补偿	掌握		
		6-3	建设用地出让	掌握		
		6-4	建设用地划拨	熟悉		
		6-5	建设用地转让	熟悉		
7	房地产开发法律制度	7-1	房地产开发基本程序	熟悉	4	
		7-2	房地产开发主要制度	熟悉		
		7-3	房地产开发项目管理	掌握		
		7-4	房地产开发合同关系	熟悉		
8	规划设计与工程建设管理法律制度	8-1	城乡规划法	掌握	2	
		8-2	建筑法	熟悉		
		8-3	规划设计管理	熟悉		
		8-4	工程建设管理	掌握		
9	房地产交易法律制度	9-1	房地产交易管理法律制度概述	熟悉	2	
		9-2	房地产转让管理	掌握		
		9-3	房地产租赁管理	掌握		
		9-4	房地产抵押管理	掌握		

续表

序号	知识单元描述	编号	知识点描述	要求	推荐学时	推荐课程
10	房地产使用与物业服务法律制度	10-1	房地产物业服务概述	熟悉	2	房地产法律制度（32学时）
		10-2	业主与业主自治	掌握		
		10-3	物业服务	掌握		
		10-4	物业监管	熟悉		
11	房地产行政管理法律制度	11-1	房地产行政管理法律制度概述	熟悉	2	
		11-2	房地产开发企业资质管理	掌握		
		11-3	房地产税费管理	掌握		
		11-4	房地产纠纷解决	熟悉		
12	房地产中介服务管理法律制度	12-1	房地产中介服务行业管理法律制度概述	熟悉	2	
		12-2	房地产估价机构管理法律制度	掌握		
		12-3	房地产估价师执业资格制度	掌握		
		12-4	房地产经纪机构和人员管理法律制度	熟悉		
13	房地产金融管理法律制度	13-1	房地产开发融资法律制度	掌握	2	
		13-2	房地产信托法律制度	熟悉		
		13-3	住房置业担保管理法律制度	熟悉		
14	住房与社会保障制度	14-1	住房与社会保障制度概述	熟悉	2	
		14-2	城镇住房保障管理法律制度	熟悉		
		14-3	住房公积金管理法律制度	熟悉		
1	导论	1-1	房地产项目类型、全生命期阶段主要工作内容	熟悉	2	房地产合同管理（32学时）
		1-2	房地产合同种类和合同体系	掌握		
		1-3	合同文本与合同管理要点	熟悉		
2	合同法基本原理	2-1	合同概念及主要条款	掌握	4	
		2-2	合同订立、合同效力	掌握		
		2-3	合同履行、变更、转让和终止	掌握		
		2-4	合同违约责任	掌握		
3	房地产合同形成方式	3-1	招标方式	掌握	2	
		3-2	拍卖方式	熟悉		
		3-3	协商方式	熟悉		
4	房地产项目前期阶段合同管理	4-1	土地使用权出让合同及管理	掌握	4	
		4-2	房屋拆迁合同及管理	熟悉		
		4-3	房地产贷款合同及管理	熟悉		
5	房地产项目实施阶段合同管理	5-1	工程采购模式和合同类型选择	掌握	4	
		5-2	工程勘察设计合同、监理合同及管理	熟悉		
		5-3	工程施工合同及管理	掌握		
		5-4	工程材料设备采购合同及管理	了解		

续表

知识单元		知识点			推荐学时	推荐课程
序号	描述	编号	描述	要求		
6	房地产项目交易和运营阶段合同管理	6-1	房地产销售合同及管理	掌握	4	房地产合同管理 （32学时）
		6-2	房地产租赁合同及管理	掌握		
		6-3	房地产经纪合同及管理	了解		
		6-4	物业服务合同及管理	熟悉		
7	房地产企业合作、并购合同管理	7-1	房地产企业合作开发合同及管理	了解	1	
		7-2	房地产企业并购合同及管理	了解		
8	房地产合同管理总体规划	8-1	房地产项目结构分解	熟悉	4	
		8-2	房地产项目合同结构	掌握		
		8-3	房地产项目合同管理规划方案设计	掌握		
9	房地产合同的签约和履约管理	9-1	房地产合同签约管理	掌握	2	
		9-2	房地产合同履约管理	掌握		
		9-3	房地产合同变更管理	掌握		
10	房地产合同索赔管理	10-1	索赔基本理论	掌握	4	
		10-2	工程索赔	掌握		
		10-3	商务索赔	熟悉		
		10-4	消费者索赔	熟悉		
11	房地产合同争议处理	11-1	房地产合同的常见争议	了解	1	
		11-2	房地产合同争议的解决方式	熟悉		
		11-3	房地产合同争议的防范和管理	掌握		
合计：25			87		64	

附件 2

房地产开发与管理专业实践教学领域、实践单元和知识技能点

实践教学领域及实践单元　　　　　　　　　　　　　　　　表 2-1

序号	实践领域	单元数（个）	实践单元	推荐学时（周）
1	实验	4	专业基础实验	40
		3	专业及研究性实验	32
2	实习	1	认识实习	1周
		5	课程实习	7周
		1	生产实习	4周
		2	毕业实习	4周
3	设计	9	课程设计	10周
		6（4）	毕业设计（论文）	14周

实验领域单元和知识技能点　　　　　　　　　　　　　　　　表 2-2

序号	实践环节	编号	实践单元	知识技能点	要求
1	专业基础实验	1-1	建设工程估价与成本控制实验	工程图形数据导入	熟悉
				工程量计算	掌握
				建筑面积计算	掌握
				工程估价	掌握
				工程投标报价	掌握
				工程费用偏差分析	熟悉
		1-2	工程力学演示实验	万能试验机的构造和工作原理	了解
				万能试验机的基本操作规程及使用注意事项	了解
				测定低碳钢和铸铁的拉、压屈服极限、强度极限及低碳钢的伸长率、断面收缩率的方法	了解
				观察材料在拉、压过程中的各种现象并绘制拉伸图，比较低碳钢与铸铁的拉、压力学性能	了解
		1-3	工程结构演示实验	矩形钢筋混凝土梁正截面承载力实验方法、测试手段、仪表的识读	了解
				观察受弯构件适筋梁和超筋梁的破坏特征、适筋梁三个工作阶段的受力特征；验证平均应变的平截面假定；理解配筋率的变化影响梁的正截面受弯破坏形态	了解
				挠度变化及裂缝出现和发展过程	了解

续表

序号	实践环节	编号	实践单元	知识技能点	要求
1	专业基础实验	1-3	工程结构演示实验	测定受弯构件正截面的开裂荷载和极限承载力的方法，验证正截面承载力计算方法	了解
				矩形钢筋混凝土梁斜截面承载力实验方法、测试手段、仪表的识读	了解
				无腹筋受弯构件裂缝的出现及发展过程	了解
				观察斜拉破坏、剪压破坏和斜压破坏的破坏过程及破坏特征	了解
				测定斜截面极限承载力的方法，验证无腹筋受弯构件斜截面承载力计算方法	了解
		1-4	工程项目管理类软件应用实验	工程进度计划与控制	熟悉
				项目管理沙盘模拟	掌握
				BIM技术应用	熟悉
2	专业及研究性实验	2-1	工程咨询类软件模拟实验	资金等值案例数据模拟	掌握
				经济效果评价指标案例数据模拟	掌握
				盈亏平衡分析案例数据模拟	掌握
				敏感性分析案例数据模拟	掌握
				价值工程应用案例数据模拟	掌握
				设备更新方案案例数据模拟	掌握
		2-2	房地产市场类软件模拟实验	房地产融资方案数据模拟	掌握
				投资组合与方案选择案例数据模拟	掌握
				房地产项目财务报表数据模拟	掌握
				市场调查数据处理模拟	掌握
				市场预测数据模拟	掌握
				项目营销方案数据模拟	掌握
		2-3	研究性实验环节	各高等学校结合自身实际情况开设	熟悉

实习领域实践单元和知识技能点　　表2-3

序号	实践环节	编号	实践单元	知识技能点	要求
1	认识实习	1-1	项目参观	各类房地产开发项目的基本情况	熟悉
				房地产项目开发流程、运营流程、盈利模式	熟悉
				房地产开发企业的部门组成与职能分工	了解
2	课程实习	2-1	房地产项目策划	房地产市场调查	熟悉
				房地产项目产品策划	掌握
				房地产项目市场策划	掌握

续表

序号	实践环节	编号	实践单元	知识技能点	要求
2	课程实习	2-2	房地产市场营销	房地产营销环境分析	掌握
				房地产营销策略分析	掌握
				房地产广告方案制订	掌握
		2-3	物业与资产管理	客户接待	掌握
				物业维护	掌握
				合同制定	掌握
		2-4	房地产估价	成本法	掌握
				比较法	掌握
				收益法	掌握
		2-5	其他课程实习	各学校根据培养定位和实习条件开设	熟悉
3	生产实习	3-1	分不同开发项目类别实习	各学校根据自身办学特色及所需培养的综合专业能力选择实习内容	熟悉
4	毕业实习	4-1	市场调查	与毕业设计（论文）课题相关的调查研究	掌握
		4-2	实习报告	与毕业设计（论文）课题相关的实际资料、数据、案例的搜集、整理、分析与计算	掌握

设计领域实践单元和知识技能点　　　　表2-4

序号	实践环节	编号	实践单元	知识技能点	要求
1	课程设计	1-1	工程图学	独立绘制物体图样，识读工程图纸	熟悉
		1-2	工程结构	独立完成简单建筑类型的受力计算方法，完成结构施工图	掌握
		1-3	房屋建筑学	独立绘制简易多层建筑的建筑施工图	掌握
		1-4	风景园林设计	独立完成开发项目景观调查报告	掌握
		1-5	工程项目管理	独立完成简易工程项目施工方案	掌握
		1-6	城市规划原理	独立完成普通住宅小区修建性详细规划	掌握
		1-7	建设工程估价与成本控制	独立完成资金使用计划及工程成本规划	掌握
		1-8	房地产估价	独立完成住宅等类型房地产估价报告	掌握
		1-9	房地产投资分析	独立完成房开发项目可行性研究报告	掌握
2	毕业设计①	2-1	项目开发方案设计	相关资料的调研和搜集，相关外文资料翻译	熟悉
		2-2		部分户型平面图设计	掌握
		2-3		房地产市场调研与预测	掌握
		2-4		可行性研究报告	掌握
		2-5		房地产营销方案	掌握
		2-6		毕业设计报告撰写	掌握

续表

序号	实践环节	编号	实践单元	知识技能点	要求
3	毕业论文②	3-1	房地产业相关问题研究	国内外研究现状和实践进展	熟悉
		3-2		有关理论方法模型和研究工具运用	掌握
		3-3		案例研究	掌握
		3-4		研究结论与建议	熟悉

注：① 毕业设计选题应该以在开发或拟开发的大中型房地产项目为背景，毕业设计可以采用分组完成的方式，培养学生组织和协作能力，设计内容需要涵盖：项目建设方案设计、房地产市场调研分析、可行性研究、营销方案设计等内容，有条件的高等学校可以增设工程预算编制、工程施工组织设计编制、工程招投标策划、工程合同管理等方面内容。毕业设计报告格式应符合各高等学校本科毕业设计规范化方面的相关要求。

② 毕业论文选题方向应集中于房地产市场调控政策研究、区域房地产发展研究、住房保障研究、房地产项目管理研究、房地产估价理论研究、物业管理研究等相关领域。毕业论文格式应符合各高等学校本科毕业设计规范化方面的相关要求，且中文参考文献不少于15篇，英文参考文献不少于3篇，字数（按排版页数折算）不少于8000字。

附件 3

推荐的房地产开发与管理专业知识单元和课程

房地产开发与管理专业推荐的课程及建议学时　　　　　　　　表 3-1

序号	知识领域	推荐课程	推荐学时
1	房地产开发与建设技术	工程测量、工程材料、土木工程概论、工程施工技术、建筑设备、BIM 原理及其应用	192
2	房地产经济理论与方法	房地产会计学、财务管理	64
3	房地产管理理论与技术	人力资源管理、公共关系、项目管理	96
4	房地产法律制度与政策	建设法规、工程招投标与合同管理	64
	总计	13	416

房地产开发与建设技术知识领域推荐的知识单元、知识点　　　表 3-2-1

知识单元		知识点			推荐学时	推荐课程（学时）
序号	描述	编号	描述	要求		
1	测量学基本知识	1-1	测量的主要任务及工作程序	掌握	2	工程测量（32 学时）
		1-2	地面点位确定与测量坐标系	熟悉		
2	水准测量	2-1	高程测量与水准测量的原理	掌握	6	
		2-2	水准测量的仪器工具及使用	掌握		
		2-3	水准测量的外业与内业工作	掌握		
		2-4	水准测量的误差分析	掌握		
3	角度测量	3-1	角度测量原理	掌握	6	
		3-2	经纬仪构造原理与使用	掌握		
		3-3	水平角与竖直角观测	掌握		
		3-4	角度测量的误差分析	掌握		
4	距离测量与三角高程测量	4-1	距离测量	掌握	4	
		4-2	三角高程测量	掌握		
5	测量误差基本知识	5-1	测量误差产生的原因及分类	掌握	4	
		5-2	精度评定及其标准	掌握		
6	控制测量与 GPS 测量	6-1	控制测量	掌握	6	
		6-2	GPS 定位原理与测量	了解		
7	地形图测绘及应用	7-1	工程建设中的地形图应用	掌握	2	
		7-2	数字地形图应用	熟悉		
8	施工测量与全站仪	8-1	施工测量	掌握	2	
		8-2	全站仪工作原理及使用	熟悉		

续表

知识单元		知识点			推荐学时	推荐课程（学时）
序号	描述	编号	描 述	要求		
1	工程材料引论	1-1	工程材料的分类	熟悉	1	工程材料 （32学时）
		1-2	工程材料的发展简史及前景	了解		
2	材料的基本性质	2-1	材料的组成、结构和构造	掌握	2	
		2-2	材料的物理、力学性质	掌握		
3	建筑结构材料的力学性能	3-1	材料的弹性、塑性和延性	掌握	1	
		3-2	材料的基本力学性能指标	熟悉		
4	气硬性无机胶凝材料	4-1	石膏	掌握	2	
		4-2	石灰	掌握		
		4-3	其他气硬性材料	了解		
5	水泥、混凝土、建筑砂浆	5-1	水泥	掌握	10	
		5-2	混凝土	掌握		
		5-3	建筑砂浆	熟悉		
6	墙体和屋面材料	6-1	墙体及砌体结构材料	掌握	4	
		6-2	屋面材料	了解		
7	钢材与木材	7-1	钢材	熟悉	4	
		7-2	木材	熟悉		
8	钢筋和混凝土材料的力学性能	8-1	钢筋的力学性能	掌握	2	
		8-2	混凝土的力学性能	掌握		
		8-3	粘结与锚固	熟悉		
9	高分子材料	9-1	石油沥青	熟悉	2	
		9-2	工程用塑料	熟悉		
		9-3	工程中常用的胶粘剂	了解		
10	其他工程材料	10-1	防水材料	熟悉	4	
		10-2	保温隔热材料	熟悉		
		10-3	吸声隔声材料	熟悉		
		10-4	防火材料	熟悉		
1	土木工程概述	1-1	土木工程的定义及特点	掌握	2	土木工程概论 （32学时）
		1-2	土木工程所涵盖的领域及其各个分支学科	了解		
		1-3	土木工程的历史和发展趋势	了解		
2	房屋建筑	2-1	建筑环境和建筑场地	掌握	14	
		2-2	民用建筑构造及设计	熟悉		
		2-3	工业建筑构造及设计	熟悉		
3	主要土木工程结构	3-1	公路工程	熟悉	12	
		3-2	铁路工程	熟悉		
		3-3	机场工程	熟悉		

续表

知识单元		知识点			推荐学时	推荐课程（学时）
序号	描述	编号	描 述	要求		
3	主要土木工程结构	3-4	港口工程	熟悉	12	土木工程概论（32学时）
		3-5	桥梁工程	熟悉		
		3-6	隧道工程	熟悉		
		3-7	水工建筑	熟悉		
		3-8	离岸工程	熟悉		
		3-9	给水排水工程	熟悉		
4	地基与基础	4-1	工程地质勘察方法及内容	了解	4	
		4-2	地基基础类型	熟悉		
		4-3	地基处理方法	熟悉		
		4-4	基础设计步骤	熟悉		
1	土石方工程	1-1	土方工程量计算与调配	掌握	6	工程施工技术（48学时）
		1-2	基坑开挖与土方填筑	掌握		
		1-3	降水等辅助工程	掌握		
		1-4	机械化施工	了解		
		1-5	爆破施工	了解		
2	基础工程	2-1	独立基础和筏形基础施工	掌握	6	
		2-2	桩基础施工	掌握		
		2-3	沉井基础施工	掌握		
3	砌筑工程	3-1	普通砖砌筑施工	掌握	3	
		3-2	砌块砌体施工	掌握		
		3-3	砌体冬期施工	熟悉		
4	混凝土结构工程	4-1	钢筋工程	掌握	14	
		4-2	模板工程	掌握		
		4-3	混凝土工程	掌握		
		4-4	预应力混凝土工程	掌握		
5	结构安装工程	5-1	起重机具	掌握	5	
		5-2	构件吊装工艺	熟悉		
6	建筑结构与装饰工程	6-1	建筑结构工程施工	掌握	6	
		6-2	建筑装饰工程施工	掌握		
7	防水工程	7-1	地下防水工程施工	掌握	2	
		7-2	屋面防水工程施工	掌握		
8	桥隧工程	8-1	桥梁工程施工	掌握	3	
		8-2	隧道工程施工	掌握		
9	路面与轨道工程	9-1	路面工程施工	熟悉	3	
		9-2	轨道工程施工	熟悉		

41

续表

知识单元		知识点			推荐学时	推荐课程（学时）
序号	描述	编号	描述	要求		
1	管材、管子附件及常用材料	1-1	钢管、铸铁管及管件	掌握	2	建筑设备（32学时）
		1-2	常用非金属管	掌握		
		1-3	板材和型钢	掌握		
		1-4	阀门与仪表	掌握		
2	管道的加工及连接	2-1	钢管、铸铁管的加工及连接	熟悉	2	
		2-2	常用非金属管的加工及连接	熟悉		
3	供热管道及设备的安装	3-1	室内供热采暖系统的安装	掌握	4	
		3-2	室外供热管道及设备的安装	熟悉		
4	通风空调管道及设备安装	4-1	风管及配件的加工制作	了解	6	
		4-2	通风空调管道的安装	掌握		
		4-3	洁净空调系统安装的特殊要求	了解		
		4-4	通风及空调设备的安装	掌握		
		4-5	通风空调系统的试运行	掌握		
5	制冷设备及管道安装	5-1	活塞式制冷系统的安装与试运行	掌握	4	
		5-2	其他形式的制冷机组的安装	了解		
		5-3	热泵施工安装技术简介	掌握		
6	建筑室内外给水排水管道及设备安装	6-1	室内给水管道及设备安装	掌握	8	
		6-2	室内排水管道及卫生器具的安装	掌握		
		6-3	室外给水管道的安装	掌握		
		6-4	室外排水管道的敷设	掌握		
		6-5	室内外给水排水管道的试压与验收	熟悉		
7	室内外燃气管道及设备的安装	7-1	室外燃气管道及设备的安装	掌握	4	
		7-2	室内燃气系统的施工安装	熟悉		
8	管道及设备的防腐与保温	8-1	管道及设备的防腐	掌握	2	
		8-2	管道及设备的保温	掌握		
1	BIM的特点及应用领域	1-1	BIM的基本原理及特点	熟悉	2	BIM原理及其应用（16学时）
		1-2	BIM的应用领域和发展趋势	了解		
2	BIM技术在设计阶段的应用	2-1	BIM协同设计原理	熟悉	3	
		2-2	BIM三维设计	了解		
		2-3	基于BIM技术的设计优化及设计纠错	了解		
3	BIM技术在施工阶段的应用	3-1	基于BIM技术的施工组织（施工规划）设计	熟悉	3	
		3-2	基于BIM技术的工程项目质量、成本、进度控制	掌握		
		3-3	基于BIM技术的施工安全与环境管理	熟悉		
		3-4	基于BIM技术的工程合同与信息管理	了解		

续表

知识单元		知识点			推荐学时	推荐课程（学时）
序号	描述	编号	描述	要求		
4	BIM技术在造价管理中的应用	4-1	基于BIM技术的工程计量与计价	掌握	6	BIM原理及其应用（16学时）
		4-2	基于BIM技术的工程造价动态控制与全过程管理	掌握		
		4-3	基于BIM技术的工程项目成本优化	熟悉		
5	BIM技术在相关领域的应用	5-1	BIM与智慧城市	了解	2	
		5-2	BIM与云计算	了解		
		5-3	BIM与建筑设施管理	了解		
合计：44			130		192	

房地产经济理论与方法知识领域推荐的知识单元、知识点　　　表3-2-2

知识单元		知识点			推荐学时	推荐课程（学时）
序号	描述	编号	描述	要求		
1	会计学的基本概念	1-1	会计的基本含义	了解	2	房地产会计学（32学时）
		1-2	会计的核算方法	掌握		
		1-3	会计的基本假设与应计基础	掌握		
		1-4	会计信息质量要求	熟悉		
		1-5	会计要素的内容	掌握		
		1-6	会计要素确认与计量原则	掌握		
2	账户与复式记账	2-1	会计恒等式	掌握	4	
		2-2	会计科目的内容和账户的基本结构	掌握		
		2-3	常用的会计科目	熟悉		
		2-4	借贷记账法	掌握		
		2-5	会计分录的编制方法	熟悉		
3	房地产开发企业会计概述	3-1	房地产开发企业经营的特点	了解	2	
		3-2	房地产开发企业会计的对象	了解		
4	货币资金	4-1	货币资金的内容	熟悉	2	
		4-2	货币资金管理与控制的有关规定	了解		
		4-3	银行转账方式的种类	掌握		
		4-4	货币资金业务的会计处理	掌握		
5	金融资产	5-1	金融资产的定义与分类	了解	2	
		5-2	应收款项和坏账的会计处理	掌握		
6	存货	6-1	存货的内容	了解	4	
		6-2	存货的计价方法	掌握		
		6-3	存货按实际成本和按计划成本核算的方法	掌握		
		6-4	库存材料、委托加工物资、周转材料、库存设备的核算	掌握		

续表

知识单元		知识点			推荐学时	推荐课程（学时）
序号	描述	编号	描述	要求		
6	存货	6-5	存货清查的方法	熟悉	4	房地产会计学（32学时）
		6-6	期末计量方法和会计处理	掌握		
7	长期股权投资	7-1	长期股权投资的初始计量	了解	2	
		7-2	长期股权投资的后续计量	了解		
8	固定资产和无形资产	8-1	固定资产的概念和特征	了解	2	
		8-2	固定资产的初始计量	掌握		
		8-3	固定资产的后续计量	掌握		
		8-4	固定资产的减值和处置	熟悉		
		8-5	无形资产的会计处理	掌握		
9	投资性房地产	9-1	投资性房地产的特征与范围	了解	2	
		9-2	投资性房地产的确认和初始计量	了解		
		9-3	投资性房地产的后续计量	了解		
10	负债	10-1	负债的种类	了解	2	
		10-2	流动负债的种类和核算	掌握		
		10-3	应付债券的会计处理	掌握		
11	所有者权益	11-1	所有者权益的内容	掌握	2	
		11-2	实收资本、资本公积的区别	了解		
		11-3	所有者权益的核算	掌握		
12	开发产品成本	12-1	开发产品成本的构成内容	熟悉	2	
		12-2	土地开发成本的核算	掌握		
		12-3	配套设施开发成本	掌握		
		12-4	房屋开发成本的核算	掌握		
		12-5	开发间接费用	掌握		
		12-6	土地开发成本	掌握		
13	收入与利润	13-1	营业收入的构成内容	熟悉	2	
		13-2	主营业务收入的核算	掌握		
		13-3	其他业务收入的核算	了解		
		13-4	期间费用的核算	掌握		
		13-5	利润与利润分配的核算	掌握		
14	财务报告	14-1	财务报告的内容	了解	2	
		14-2	资产负债表的编制原理和基本编制方法	掌握		
		14-3	利润表的编制原理和基本编制方法	掌握		
		14-4	现金流量表的编制原理和基本编制方法	掌握		

续表

知识单元		知识点			推荐学时	推荐课程（学时）
序号	描述	编号	描 述	要求		
1	财务管理总论	1-1	财务管理的概念	了解	2	财务管理（32学时）
		1-2	财务管理的目标	掌握		
		1-3	利润最大化目标	掌握		
		1-4	每股利润最大化目标	掌握		
		1-5	股东财富最大化目标	掌握		
		1-6	企业价值最大化目标	掌握		
		1-7	财务管理的原则	熟悉		
		1-8	财务管理的方法	了解		
2	财务管理的价值观念	2-1	时间价值的概念	掌握	4	
		2-2	资金时间价值的计算	掌握		
		2-3	一次性收付款项时间价值的计算	掌握		
		2-4	年金的计算	掌握		
		2-5	资金时间价值的计算中的特殊问题	掌握		
		2-6	风险的概念及其分类	熟悉		
		2-7	风险的衡量及计算	掌握		
		2-8	单项资产风险的计算	掌握		
		2-9	组合投资风险	掌握		
		2-10	证券投资风险的计算与分析	掌握		
3	财务估价	3-1	债券价值的计算	掌握	4	
		3-2	债券投资收益率的计算	掌握		
		3-3	债券市场价格的影响因素	熟悉		
		3-4	股票价值的计算	掌握		
		3-5	股票投资收益率的计算	掌握		
		3-6	股票价格的影响因素与股票价格指数	熟悉		
4	财务分析	4-1	财务分析的作用和意义	了解	4	
		4-2	财务指标分析的内容	掌握		
		4-3	获利能力分析	掌握		
		4-4	偿债能力	掌握		
		4-5	盈利能力分析	掌握		
		4-6	财务状况趋势分析	掌握		
		4-7	财务综合分析	掌握		
5	财务预算	5-1	财务预算的内容	了解	2	
		5-2	销售预算的编制	掌握		
		5-3	生产预算的编制	掌握		
		5-4	现金预算的编制	掌握		
		5-5	会计报表预算的编制	掌握		

续表

知识单元		知识点			推荐学时	推荐课程（学时）
序号	描述	编号	描述	要求		
6	资金成本和资金结构	6-1	资金成本概念	了解	4	财务管理（32学时）
		6-2	资金成本的计算	熟悉		
		6-3	个别资金成本的计算	掌握		
		6-4	加权平均资金成本的计算	掌握		
		6-5	边际资金成本的计算	掌握		
		6-6	经营杠杆的含义与计算	掌握		
		6-7	财务杠杆含义与计算	掌握		
		6-8	联合杠杆含义与计算	掌握		
		6-9	资金结构的意义	熟悉		
		6-10	确定最佳资金结构的分析方法	熟悉		
		6-11	比较资金成本法	掌握		
		6-12	每股利润分析法	掌握		
		6-13	比较公司价值法等	掌握		
7	项目投资管理	7-1	现金流量的概念	熟悉	4	
		7-2	投资决策基本指标	掌握		
		7-3	投资回收期的计算	了解		
		7-4	投资报酬率的计算	掌握		
		7-5	净现值的计算	掌握		
		7-6	内部报酬率的计算	掌握		
		7-7	获利指数的计算	了解		
		7-8	有风险情况下的投资决策分析	掌握		
		7-9	按风险调整现金流量法的计算	掌握		
		7-10	按风险调整贴现率法的计算	掌握		
8	营运资金管理	8-1	现金的管理方法	了解	4	
		8-2	现金置存动机	了解		
		8-3	最佳现金持有量的确定	掌握		
		8-4	现金日常管理控制	了解		
		8-5	现金管理策略	了解		
		8-6	应收账款的管理	掌握		
		8-7	信用政策的确定	了解		
		8-8	信用决策分析计算	掌握		
		8-9	存货的功能与成本计算	掌握		
		8-10	存货管理方法	了解		

续表

知识单元		知识点			推荐学时	推荐课程（学时）
序号	描述	编号	描述	要求		
9	利润分配管理	9-1	企业利润分配的原则	了解	4	财务管理（32学时）
		9-2	利润分配的程序	熟悉		
		9-3	股利分配政策	掌握		
		9-4	剩余股利政策	掌握		
		9-5	固定或持续增长的股利政策	掌握		
		9-6	变动股利政策	掌握		
		9-7	正常股利加额外股利政策	掌握		
		9-8	影响股利政策的因素	了解		
		9-9	股利支付方式	了解		
		9-10	现金股利	了解		
		9-11	股票股利	了解		
合计：23		136			64	

房地产管理理论与技术知识领域推荐的知识单元、知识点　　表3-2-3

知识单元		知识点			推荐学时	推荐课程（学时）
序号	描述	编号	描述	要求		
1	人力资源概述	1-1	人力资源数量、质量的概念	熟悉	2	人力资源管理（32学时）
		1-2	人力资源定义、特征及职能	掌握		
2	人力资源管理理论	2-1	各种人性假设理论	熟悉	2	
		2-2	人力资源管理内部环境分析	掌握		
3	人力资源管理部门的组织结构及任务	3-1	人力资源管理部门的组织结构	了解	2	
		3-2	人力资源管理部门组织结构的责任	熟悉		
		3-3	人力资源管理部门的使命	掌握		
4	职位分析	4-1	职位分析的作用及具体内容	熟悉	2	
		4-2	职位分析方法及程序	掌握		
5	人力资源规划	5-1	人力资源规划的内容及程序	熟悉	2	
		5-2	人力资源需求及供给的预测	掌握		
		5-3	人力资源供求均衡	掌握		
6	人员招聘	6-1	人力资源招聘概念	了解	5	
		6-2	人力资源招聘的作用与程序	熟悉		
		6-3	人员内部招募及外部招聘的对比及操作方法	掌握		
		6-4	人员的甄选	掌握		
7	职业生涯规划	7-1	职业生涯规划及其管理	了解	4	
		7-2	职业生涯规划程序	熟悉		
		7-3	职业生涯规划及其管理的基本理论及相关方法	掌握		

47

续表

知识单元		知识点			推荐学时	推荐课程（学时）
序号	描述	编号	描述	要求		
8	员工培训	8-1	培训的概念及作用	了解	3	人力资源管理（32学时）
		8-2	员工培训的方法	熟悉		
		8-3	员工培训的程序	掌握		
9	绩效管理	9-1	绩效管理的概念	了解	4	
		9-2	绩效管理的作用、原则	熟悉		
		9-3	绩效管理的内容、方法及考评程序	掌握		
10	薪酬管理	10-1	薪酬的概念	了解	3	
		10-2	薪酬的构成及功能	熟悉		
		10-3	薪酬管理的内容及作用	掌握		
11	员工关系管理	11-1	员工关系管理的含义及作用	了解	3	
		11-2	劳动合同管理	熟悉		
		11-3	裁员管理的步骤及注意事项	掌握		
1	公关的认知	1-1	公共关系的历史	了解	4	公共关系（32学时）
		1-2	危机公关的特点、类别及原则	熟悉		
		1-3	公共关系的概念、内容及基本要素	掌握		
		1-4	常规公共关系的类型	掌握		
2	组织形象及操作平台	2-1	组织形象的构成	了解	2	
		2-2	组织形象的操作平台	熟悉		
3	品牌与诚信	3-1	品牌与诚信的关系	了解	4	
		3-2	品牌的定义、外延与内涵	熟悉		
		3-3	诚信的三层次	掌握		
4	公共关系与传播	4-1	公共关系新闻的形式与内容	熟悉	2	
		4-2	新闻的概念、特征、要素	掌握		
5	公共关系与广告	5-1	广告的发展史	了解	2	
		5-2	广告的意义、功能及内涵特征	熟悉		
		5-3	公共关系广告与商业广告的异同	掌握		
6	组织形象识别系统	6-1	组织文化与组织个性	了解	2	
		6-2	CIS的内涵、构成及战略目标	熟悉		
7	公共关系与人际沟通	7-1	人际沟通与客户满意	了解	4	
		7-2	人际沟通的动因	熟悉		
		7-3	人际沟通中的各种效应	掌握		
8	公共关系与礼仪	8-1	礼仪的作用与意义	熟悉	2	
		8-2	礼仪的外延与内涵	熟悉		
9	公共关系与个人形象	9-1	形象美的层次	了解	2	
		9-2	公共关系与个人形象的关系	熟悉		

续表

知识单元		知识点			推荐学时	推荐课程（学时）
序号	描述	编号	描述	要求		
10	物业管理公共关系实务	10-1	物业管理公共关系要素	掌握	8	公共关系（32时）
		10-2	物业管理公共关系案例解析	掌握		
1	项目管理引论	1-1	项目管理的含义、类型、范围及任务	掌握	4	
		1-2	项目建设程序	掌握		
2	项目组织管理	2-1	项目经理与项目团队	熟悉	4	
		2-2	项目组织形式及组织形式的选择	掌握		
3	项目实施模式	3-1	新型承发包模式	了解	2	
		3-2	设计—施工分离承包模式	掌握		
		3-3	总承包模式	掌握		
4	项目费用控制	4-1	项目费用控制的特点、原则及内容	掌握	4	
		4-2	项目费用控制基本方法	掌握		
5	项目进度控制	5-1	进度目标及进度控制体系	掌握	6	项目管理（32学时）
		5-2	进度计划编制方法	掌握		
		5-3	进度控制方法与措施	掌握		
6	项目质量控制	6-1	项目质量问题和质量事故的处理	熟悉	6	
		6-2	项目质量控制的基本内容	掌握		
		6-3	施工质量验收标准	掌握		
		6-4	项目施工质量控制的系统过程、原理及方法	掌握		
		6-5	项目质量控制的统计分析方法	掌握		
7	项目风险管理	7-1	项目风险识别、分析与评估	熟悉	4	
		7-2	项目风险应对策略及监控方法	掌握		
		7-3	项目风险的类型与管理程序	掌握		
8	项目信息管理	8-1	项目信息管理内容	熟悉	2	
		8-2	项目管理信息系统相关内容	熟悉		
合计：29			78		96	

房地产法律制度与政策知识领域推荐的知识单元、知识点 表3-2-4

知识单元		知识点			推荐学时	推荐课程（学时）
序号	描述	编号	描述	要求		
1	建设法规引论	1-1	建设法规体系	熟悉	2	
		1-2	建设法律关系	掌握		
2	城乡规划法	2-1	城乡规划的制定和实施	熟悉	3	建设法规（32学时）
		2-2	城乡规划的监督管理	掌握		
3	土地管理法规	3-1	土地的所有权和使用权	熟悉	2	
		3-2	土地利用和保护	熟悉		
		3-3	建设用地违法责任及处理	掌握		

49

续表

知识单元		知识点			推荐学时	推荐课程（学时）
序号	描述	编号	描述	要求		
4	工程咨询法律制度	4-1	工程勘察设计法律制度	了解	3	建设法规（32学时）
		4-2	工程项目可行性与评价制度	熟悉		
		4-3	工程监理制度	掌握		
5	建筑法律制度	5-1	建筑工程施工许可	熟悉	4	
		5-2	建筑工程监理	熟悉		
		5-3	建筑工程发包与承包制度	掌握		
		5-4	工程质量与安全生产管理	掌握		
6	建筑市场准入制度	6-1	建筑业企业资质管理	熟悉	3	
		6-2	建筑业从业人员资格管理	掌握		
7	建设工程招投标法律制度	7-1	建设工程招标与投标	掌握	4	
		7-2	建设工程开标、评标和中标	掌握		
8	建设工程质量管理法规	8-1	质量体系认证制度	熟悉	2	
		8-2	建设工程质量监督管理	熟悉		
		8-3	建设行为主体的质量责任与义务	掌握		
		8-4	工程质量保修及损害赔偿	掌握		
9	城市房地产管理法规	9-1	房地产开发用地	熟悉	4	
		9-2	房地产开发	熟悉		
		9-3	城市房屋征收	掌握		
		9-4	房地产交易	掌握		
		9-5	房地产权属登记管理	熟悉		
		9-6	物业管理服务	熟悉		
		9-7	房地产中介服务	熟悉		
10	市政工程建设法规及工程建设其他法规	10-1	工程建设其他法规	了解	3	
		10-2	市政工程建设法规	熟悉		
11	环境保护与建筑节能法规	11-1	建筑节能法规	了解	2	
		11-2	水、噪声、固体废物污染及其治理	熟悉		
		11-3	建设项目环境保护及评价	掌握		
1	工程招投标概述	1-1	工程招投标及其范围	熟悉	2	工程招投标与合同管理（32学时）
		1-2	工程招标方式和程序	掌握		
2	工程勘察设计招标与投标	2-1	工程勘察设计招标	熟悉	2	
		2-2	工程勘察设计投标	熟悉		
3	工程监理招标与投标	3-1	工程监理招标	熟悉	4	
		3-2	工程监理投标	熟悉		
4	国内工程施工招标与投标	4-1	国内工程施工招标	掌握	4	
		4-2	国内工程施工投标	掌握		

续表

知识单元		知识点			推荐学时	推荐课程（学时）
序号	描述	编号	描述	要求		
5	国际工程施工招标与投标	5-1	国际工程施工招标	熟悉	2	工程招投标与合同管理（32学时）
		5-2	国际工程施工投标	熟悉		
6	工程材料、设备采购招标与投标	6-1	工程材料、设备采购招标	熟悉	2	
		6-2	工程材料、设备采购投标	熟悉		
		6-3	工程材料、设备采购询价	熟悉		
7	工程合同管理概述	7-1	合同与合同法	掌握	4	
		7-2	工程合同概述	熟悉		
		7-3	工程合同索赔	熟悉		
8	工程勘察设计合同管理	8-1	工程勘察设计合同的订立和履行	熟悉	4	
		8-2	工程勘察设计合同管理工作内容	熟悉		
9	工程监理合同管理	9-1	工程监理合同示范文本	掌握	2	
		9-2	工程监理合同的订立和履行	掌握		
10	工程施工合同管理	10-1	工程施工合同示范文本	掌握	2	
		10-2	工程施工合同订立和履行	掌握		
11	工程物资采购合同管理	11-1	工程物资采购合同的订立和履行	熟悉	2	
		11-2	国际工程货物采购合同	熟悉		
12	工程分包合同管理	12-1	工程分包合同示范文本	熟悉	2	
		12-2	工程施工分包合同的订立和履行	熟悉		
合计：23		60			64	

附录 高等学校房地产开发与管理和物业管理学科专业指导委员会规划推荐教材

（房地产开发与管理专业适用）

序号	教材名称	主编	主编学校
1	房地产开发与管理专业导论	武永祥	哈尔滨工业大学
2	房地产法律制度	廖俊平	中山大学
3	房地产估价	柴强	中国房地产估价师与房地产经纪人学会
4	房地产合同管理	李启明	东南大学
5	房地产金融	刘洪玉	清华大学
6	房地产经济学	姚玲珍	上海财经大学
7	房地产开发项目管理	刘亚臣	沈阳建筑大学
8	房地产市场分析	杨赞	清华大学
9	房地产投资分析	王立国	东北财经大学
10	房地产策划与营销	兰峰	西安建筑科技大学
11	土地利用与管理	吕萍	中国人民大学
12	物业与资产管理	王建廷	天津城建大学

注：表中所列教材将由中国建筑工业出版社出版。